르네상스 시대

근대정신은 어떻게 탄생했을까?

KB192001

민음 지식의 정원 서양사편

006

근대정신은
어떻게
탄생했을까?

장문석

민음인

차례

르네상스란 무엇인가?

    '르네상스'라는 말은 외래어지만 우리에게 낯설지는 않다. 이 말은 보통 어떤 것이 시들해졌다가 다시 화려하게 꽃피거나, 아니면 꽃피기를 기원하는 경우에 사용된다. '인문학의 르네상스', '한국 영화의 르네상스', '프로 야구의 르네상스' 운운하는 식이다. 그렇게 좋은 뜻을 가졌으려니와, 발음까지 좋아서 어디에다 갖다 붙이든 '르네상스' 하면, 귀가 즐거워진다. 그래서인지 주변에서 이 말이 광고용으로 건물과 상호 등의 이름에 많이 사용되는 것을 볼 수 있다.

    원래 르네상스라는 말은 프랑스 어로 '재생'이나 '부활'을 가리킨다. 그렇다면 무엇이 재생하고 부활했다는 말일까? 바로 그리스와 로마의 고대 문화가 재생하고 부활했다는 말이다. 바꾸어 말하면, 르네상스란 고대 문화의 재생과 부활을 추구하는 문화 운동이자, 그런 문화 운동이 대대적으로 벌어졌던 시대를 가리키는 말이다. 그런데 이렇게 말하면 혹시 르네상스 시대에 과거로의 퇴보가 일어난 것으로 이해하는 사람이 있을지도 모르겠다. 그러나 이는 오해다. 오히려 그와는 반대로 르네상스라는 말에는 이 시대가 그 직전 시대인 중세를 건너뛰어 고대와 곧장 이어진다는 생각, 즉 중세와는 전혀 다른 새로운 시대로서 근대라는 뜻이 담겨 있다.

그래도 의문은 남는다. 르네상스가 중세와는 다르지만 어쨌든 고대와 통할 것인데, 그것을 정녕 새롭다고 할 수 있을까? 이 의문을 풀려면 우리 시대를 되돌아보는 게 도움이 된다. 오늘날에도 새로운 것은 그 직전 것에 비해 새롭다는 것이지, 정말로 새로운 경우는 드물다. 실제로는 그 '전의 전'의 것이라서 새롭다고 간주되는 경우가 많다. 그래서 르네상스 시대의 존경할 만한 지식인이었던 조르다노 브루노(Giordano Bruno, 1548~1600)는 "태양 아래 새로운 것은 없다."고 말하기도 했다. 그러나 태양 아래 새로운 것은 없다지만, 옛것을 재활용하여 새것을 만들어 내는 일은 가능하다. 복고주의 패션에서 통바지 같은 낡은 옷이 새 유행을 창조하듯이 말이다. 르네상스도 마찬가지다. 르네상스 시대를 살았던 사람들은 중세기에 잊혀 있던 고대 문헌들과 예술품들을 연구하면서 얻은 새로운 지식과 감동을 자신들 문화의 자양분으로 삼았다. 고대 문화를 재발견함으로써 중세 문화에서 벗어나 근대 문화를 창조한 것이다.

말이 나온 김에 한마디 덧붙이면, 역사를 고대, 중세, 근대로 나누는 통념도 르네상스 시대에서 유래한 것이다. 여기서 고대는 현재와 먼 시기, 근대는 현재와 가까운 시기, 그리고 중세는 문자 그대로 고대와 근대 사이에 끼어 있는 시기를 가리키는데, 르네상스 인들은 중세를 '암흑시대'로 낮춰 보고 자기들이 살았던 시대를 고대의 황금기에 빗대면서 새로운 시대, 즉 근대를 발명한 것이다. 사실, 르네상스 인들이 침이 마르도록 예찬한 '위대한 고대'라는 것도 알고 보면 중세라는 적수를 때려누이기 위해 근대가 만들어 낸 회심의 비밀 병기이다. 그렇다면 엄밀하게 말해서, 르네상스란 고대를 예찬하는 척하면서 실은 근대를 환호하는 말인 것이다.

무릇 과거는 숲 속의 잠자는 미녀와도 같다. 그녀가 깨어나기 위해서는 키스해 줄 왕자가 있어야 한다. 그런 깨어남이 13세기 말쯤 이탈리아에서 일어났다. 잠자던 그리스와 로마 문명이 이탈리아 인들의 키스를 받고 오랜 잠에서 깨어난 것이다. 그리고 깨어난 고대 문명은 근대 문명을 잉태했다. 그러나 천사의 알림을 통해서야 성모가 그리스도의 잉태를 알았듯이, 과거가 미래를 잉태한다는 사실은 알아차리기가 쉽지 않다. 르네상스 시대를 살았던 이탈리아 인들은 이 사실을 가장 먼저 눈치챈 사람들이었다. 당대 최고의 이탈리아 역사가 프란체스코 귀차르디니(Francesco Guicciardini, 1483～1540)는 『회고록(*Ricordi*)』에서 과거와 현재, 미래의 관계를 다음과 같이 적절하게 표현했다.

"과거는 미래를 비춰 주는 등불이다. 현재와 미래의 일은 과거에도 있었던 것이다. 다만 이름과 양상이 달라졌을 뿐. 바로 이 점 때문에 사람들은 좀처럼 그것을 알아보지 못하며 어떤 판단을 내리고 어떤 노선을 취할지 혼란스러워한다. 오로지 지혜로운 사람, 사물을 유심히 관찰하고 사려 깊은 사람만이 이를 간파한다."

'르네상스'의 유래

르네상스는 구체적으로 13세기 말부터 16세기 초 사이에 이탈리아에서 전개된 대대적인 문예 부흥 운동을 가리키는 역사적 개념이다. 이탈리아에서는 16세기에 저 유명한 『미술가 열전(*Le Vita De' Piu Eccellenti Architetti, Pittori, et scultori*)』을 집필한 조르지오 바사리(Giorgio Vasari, 1511～1574)가 재생을 뜻하는 '리나시타(Rinascita)'라는 용어를 처음 사용했다. 그런데도 이탈리아의 문화 운동을 일컫는 말이 이탈리아

어 '리나시타'나 '리나시멘토(Rinascimento)'가 아니라 프랑스 어 '르네상스(Renaissance)'로 굳어지게 된 것은 순전히 후대 학자들의 열정과 명성 탓이다. 19세기 프랑스 역사가 쥘 미슐레(Jules Michelet, 1798~1784)가 '르네상스'를 처음 사용하여 이를 나중에 스위스 역사가 야코프 부르크하르트(Jacob Burckhardt, 1818~1897)가 널리 퍼뜨렸다. 과연 말이라는 것은 쓰는 사람이 임자인 셈이다. 그러나 이탈리아 인들도 '르네상스'라는 말에 별로 불만을 품지는 않는다.

1

르네상스,
근대의 봄인가,
중세의 가을인가?

- 르네상스는 새로운가?
- 르네상스는 정말로 새로운가?
- 그래도 르네상스는 새로운가?

르네상스는 새로운가?

르네상스는 중세에 비해 무엇이 그리도 새롭다는 말일까? 이 문제에 답하려면 먼저 중세가 어떤 시대였는지를 이해해야 한다. 중세는 '신앙의 시대'였다. 모든 사람이 한결같이 하느님의 심판을 두려워하고 구원을 갈구하며 천국을 꿈꾼 기독교도들이었다. 그래서 항상 교회의 가르침에 따라 경건한 삶을 살아야 했다. 물론 도덕적 이상이 그랬다는 말이지, 현실의 삶이 늘 그랬다는 말은 아니다. 모든 사람이 경건한 삶을 살았다면 구태여 천국을 꿈꿀 필요도 없었을 것이다. 현실이 천국이었을 테니 말이다. 어쨌든 교회의 가르침대로 반듯하게 살아야 한다는 생각이 뇌리 속에 박혀 사람들은 그렇게 살지 못했을 때 양심의 가책을 느꼈다.

그러나 르네상스 시대의 분위기는 사뭇 달랐다. 당시의 분위기를 잘 보여 주는 그 시절의 시 한 수를 읊어 보자. 이 시는 알 만한 사람은 다 아는 아주 지체 높은 분이 쓴 것인데, 독실한 신앙인의 입장에서 보면 경망스러운 생각으로 가득 차 있다.

"청춘은 아름다워라/그러나 쉽게 날아가 버리네!/즐거운 사람이여, 즐거워하라/내일은 아무것도 확실치 않으니."[1]

내일에 대한 두려움 따위는 벗어던지고 오늘을 마음껏 즐기자, 이것이 이 시에 나타난 생기발랄한 철학이다. 이는 죽은 다음의 세상에 대한 고민일랑 접어 두고 지금 여기서 매 순간을 열심히 살자는 메시지로 이해될 수 있다. 이 얼마나 현세적이고 인간적인가! 과연 새롭지 않은가!

또 다른 예를 들어 보자. 중세를 순식간에 '암흑시대'로 만들어 버리고 그 공로를 인정받아 '최초의 근대인'이라는 별칭을 얻은 라틴 어 학자이자 서정시인이었던 프란체스코 페트라르카(Francesco Petrarca, 1304~1374)는 '라우라(Laura)'라는

---

1) 다른 책에서는 이렇게 번역되어 있다. "젊다는 건 좋은 일이야/하지만 꽃은 금세 지는 법이지/놀고 싶으면 지금 놀아야 해/확실한 내일 같은 것은 없을 테니까." 원문은 다음과 같다. "Quant'è bella giovinezza/che si fugge tuttavia!/Chi vuol esser lieto, sia:/di doman non c'è certezza."

여인에 대한 애틋한 사랑을 꾸밈없이 노래했다. 하지만 전통적인 감정에서 보면, 이는 참으로 남부끄러운 수작이었다. 옛날의 남성들도 여성을 사랑했겠지만, 그것을 페트라르카처럼 대문짝만 하게 광고하지는 않았다. 왜냐하면 이성에 대한 사랑은 하느님에 대한 사랑에 비하면 보잘것없고, 그래서 굳이 내세울 이유가 없었기 때문이다. 하지만 페트라르카의 스승인 단테 알리기에리(Dante Alighieri, 1265~1321)도, 페트라르카의 제자인 조반니 보카치오(Giovanni Boccaccio, 1313~1375)도 각각 '베아트리체(Beatrice)'와 '피아메타(Fiammetta)'라는 여인에 대한 사랑을 노래했으니까, 그 스승에 그 제자인 바, 여기서 르네상스 인들이 얼마나 자기감정에 충실한 자유로운 정신을 지니고 있었는지 잘 드러난다.

사랑에 속고, 사랑에 울고

사랑의 모험에는 대가가 필요했다. 단테는 평생 끔찍한 실연의 상처로 괴로워하여 자신의 불멸의 대작, 『신곡(*La Divina Commedia*)』에서 베아트리체를 다른 남자에게 시집보낸 그녀의 아버지를 지옥으로 떨어뜨려 복수했다. 그런가하면 보카치오는 얼핏 보았을 뿐인 이름도 모르는 한 여인에 대한 눈먼 사랑에 불타 그녀에게 자기 마음대로 '작은 불꽃(피아메타)'이라는 이름까지 붙여 주었다. 그는 비록 사랑에 성공은 했지만, 나중에 무일푼 신세로 전락하여 끝이 안 좋은 이별을 감수해야 했다. 오늘날에는 보카치오의 이루어진 사랑보다는 단테의 이루어지지 않은 사랑이 더 유명하다. 많은 사람들이 피아메타는 몰라도 베아트리체는 알고 있다. 사랑이란 이루어지지 않았을 때 더 애틋하고, 그래서 실물보다 더 아름다워 보이는 법인가 보다.

이처럼 마음껏 놀고 사랑하며, 그러다 생기는 고통도 달게 받겠다는 생각 뒤에는 '개인'에 대한 자각이 있었다. '나'야말로 이 우주에서 그 무엇과도 바꿀 수 없는 소중한 존재라는 생각이 바로 그것이다. 그래서 르네상스 시대의 많은 유명 인사들은 자신이 성이 아니라 이름으로 알려지기를 원했고, 다른 이들도 그들의 그런 희망 사항을 존중해 주었다. 이는 개인이 보통 이름이 아니라 성으로 알려지는 서양의 전통에서는 특이한 일이다. 예를 들어, 오늘날 미국의 대통령 버락 오바마는 일반에 이름인 '버락'으로가 아니라 성인 '오바마'로 알려져 있다. 그런데 르네상스 시대 이탈리아에서 단테 알리기에리는 '단테'로, 미켈란젤로 부오나로티(Michelangelo Buonarroti, 1475~1564)는 '미켈란젤로'로 알려져 있는 것이다. 르네상스 인들은 개인이 전체 집합의 한 원소임을 강조하는 씨족명인 성이 아니라 오직 '나'만 지칭하는 고유의 이름으로 불리기를 원했다.

이런 개인주의는 르네상스 시대에 자서전들이 유난히 많이 나왔다는 사실에서도 거듭 확인된다. 자서전들 중에는 조각가이자 금속 세공사인 벤베누토 첼리니(Benvenuto Cellini, 1500~1571)의 자서전이 제일 유명하지만, 그 밖에도 나무꾼, 목수, 땜장이, 심지어 실업자처럼 사회 하층의 평범한 사람들도 앞다투어 자서전을 남겼다. 이렇게 보면, 유명 인사만 기록을 남기라는 법은 없는 것 같다. 우리는 당시 세금 징수를 위해 작성한 인구 조사 대장을 통해서 보통 사람들의 삶을 낱낱이 알게 된다. 예를 들어, 별로 내세울 것이 없어 보이는 안토니오라는 피렌체의 한 실업자의 자기 소개란에는 이렇게 적혀 있다.

"나는 아들들을 데리고 내 장인어른인 유리 제조공 바르톨로메오 디 니콜라이오의 집에 산다. 나는 집세를 한 푼도 내지 않는다. 우리는 그를 위해 일한다."

사정이 이렇다 보니, 모든 사람들이 무슨 수를 써서라도 자기 이름을 알리려고 안달복달했다. 바야흐로 명성이 목숨보다 귀하게 여겨지는 시대가 온 것이다. 사람들은 죽은 뒤에도 자기 이름이 책에 나오고 자기 모습이 동상으로 세워져 후대인들에게 영원히 기억되기를 바랐다. 당시에 문필가들과 예술가들의 지위가 갑자기 올라간 것도 다 그런 풍조 탓이었다. 그들에게 잘 보여야만 자기를 글로 잘 소개해 주고 동상을 잘 만들어 줄 것이 아닌가! 그래서 우리에게도 잘 알려진 『군주론(*Il principe*)』이라는 불멸의 저작을 남긴 인문주의자 니콜로 마키아벨리(Niccolò Machiavelli, 1469~1527)는 당시의 그런 세태를 이렇게 풍자했다.

"찬양할 만한 일을 해서 남보다 두드러지기가 어려운 사람들 중 일부는 수치스러운 행동을 해서라도 명성을 쟁취하려고 한다!"

마키아벨리의 말은 거짓이 아니었다. 실제로 피렌체 실력자의 한 '이름 없는' 사촌은 이름을 남기기 위해 아무런 이유도 없이 피렌체의 한 '이름 있는' 귀족을 살해했다는 이야기가 전해진다.

이처럼 르네상스는 누구나 명성을 추구한 시대였다. 그래서 이 시대를 두고 '자서전의 시대'라고도 한다. 이것은 르네상스가 곧 '개인의 시대'였음을 뜻한다. 그리고 이는 또 그만큼 르네상스 시대가 중세에 비해 새로웠다는 말이다. 그리하여 후대의 한 역사가는 르네상스 시대의 이탈리아에서 넘쳐났던 새로운 개인들을 묘사하면서 르네상스가 새로운 시대로 들어가는 입구, 말하자면 근대의 봄임을 암시했다.

"13세기 말경 이탈리아에는 개성들이 넘쳐 나기 시작한다. 개인주의를 향한 길이 이미 완전히 열렸다…… 14세기 이탈리아는 거짓 겸양과 아첨이라는 것을 거의 몰랐다. 누구나 거리낌 없이 자기가 다른 사람과 실제로 다르고, 다르게 보인다는 것을 드러냈다."

르네상스는 정말로 새로운가?

르네상스 시대가 새로웠다지만 마냥 새롭기만 했을까? 우리의 경험으로 미루어보건대 모든 것이 한꺼번에 새로워졌다는 말은 아무래도 믿기 어렵다. 낡은 요소들도 많이 남아 있지 않았을까? 이 문제를 본격적으로 논하기에 앞서 한 가지 사실을 확인해 두자. 자타가 공인하는 '최초의 근대인' 페트라르카의 생각을 당시 모든 사람이 공유하지는 않았다는 사실 말이다. 모르긴 몰라도, 당시에 많은 이웃들이 그의 시를 읽고 과장된 감정 표현에 얼굴을 찡그렸을 성싶다. 확실히, 페트라르카는 시대를 앞선 인물이었다. 비록 그의 생각이 나중에 거스를 수 없는 대세가 될 것이었지만, 당시 사회는 그런 선구자를 완전히 이해할 수 없었을 것이다.

지금은 우리 눈에 너무도 친숙한 장발과 청바지와 미니스커트가 한때 우리 사회에서 전혀 인정받지 못했던 사실을 한번 생각해 보라. 1970년대 우리나라에서 경찰들이 가위를 들고 장발 청년들을 뒤쫓던 웃지 못할 장면도 어렴풋이 떠오른다. 언제나 그러했듯이, 소수의 선구자들은 시대를 앞질러 질주하지만, 전체 사회는 느림보처럼 뚜벅뚜벅 걸어가는 법이다.

또한 르네상스를 새로운 시대로 무작정 칭송하면 그 직전의 중세를 부당하게 얕잡아 보게 된다. 나의 장점을 추켜세우기 위해서는 남의 단점을 부각시켜야 한다. 이는 남의 손해가 곧 나의 이익이라는 식의 일종의 제로섬 게임인 것이다. 그렇듯이 르네상스의 새로움을 내세우기 위해서는 중세의 구태의연함을 강조하는 것이 효과적이다. 그래서 페트라르카는 자기 시대의 새로움을 한껏 부풀리기 위해 중세에 대해 잘 알지도 못하면서 중세를 '암흑시대'로 규정해 버렸다. 1000년에 걸친 중세의 역사가 3000년 인류사의 괄호 속에 들어가 버린 셈이다.

중세가 야만이 판을 치던 '암흑시대'였다는 주장은 전혀 사실이 아니다. 중세 사람들도 르네상스 시대의 사람들과 똑같이 오락을 즐기고 이성을 사랑하며 그에 따른 고통에 몸부림쳤다. 동유럽과 영국 북부 지역을 개간한 이들도 중세 사람들이었고, 대학과 은행을 처음 설립한 이도 모두 그들이었다.

또한 중세 사람들은 하느님의 영광을 찬양하기 위해 웅장한 건축물을 짓고 아름다운 성화를 그리며 정교한 종교 의례를 집전하면서 독특한 '중세 문화'를 가꾸었다. 중세의 '야만인'도 근대의 '문명인'과 다름없이 행복하고 아름다운 삶을 추구한 것이다.

많은 학자들도 르네상스가 14~16세기 이탈리아의 전매특허품이 아니라고 생각한다. 그들은 르네상스가 유럽에서 12세기에도, 심지어 9세기에도 있었다고 본다. 언뜻 생각해 봐도 학문과 예술이 14~16세기 이탈리아에서만 융성했으리란 법은 없다. 그 이전 사람들도 바보는 아니었기 때문이다. 예를 들어, 일부 학자들은 카롤링거 왕조의 프랑크 왕국을 거대한 제국으로 발전시킨 카롤루스 대제(Karolus Magnus, 742?~814)의 후원을 통해 9세기 유럽에서 고전 문헌 연구가 크게 흥했다고 보고, 이를 특별히 '카롤링거 르네상스'라고 부른다. 그런가 하면 다른 학자들은 12세기에 중세 대학들이 크게 발전하여 철학과 법학이 심층적으로 연구되며 고대 그리스와 이슬람 세계의 문헌들에 대한 번역 열풍이 분 현상에 '12세기 르네상스'라는 이름표를 붙여 주기도 한다.

또한 많은 학자들은 르네상스 시대 이전에 이미 '개인의 출현'을 목격할 수 있다고 주장한다. 그 점을 잘 보여 주는 중세의 대표적인 개인이 바로 10세기 북유럽 최고의 시인 에길 스칼라그림손(Egill Skallagrimsson, 910?~990)이다. 그는 영웅을 칭송하는 시를 짓고 난 뒤, '나'의 노력을 이렇게 내세운다.

"나는 칭송의 돌을 쌓는다/시가 떠오른다/내 노력은 헛되지 않다/내 시가 영원하기를."

에길처럼 자신을 드러내고, 또 자신이 누구인지 알려고 노력하는 일은 오래전부터 있어 왔다. 5세기 아일랜드에 기독교를 전파하여 성인으로 추앙받는 패트릭(파트리키우스)의 경우가 좋은 예이다. 그는 "주여, 저는 누구입니까? 저의 소명은 무엇입니까?" 하고 외쳤는데, 이 질문에는 하느님에 의해 선택된 '나'의 특별한 소명을 남들이 알아주기를 바라는 소망이 담겨있다.

백번 양보하여 중세가 '암흑시대'라고 한들, 자동적으로 르네상스가 '문명 시대'가 되는 것은 아니다. 르네상스 시대에도 중세에서 물려받은 것들이 많았으니 말이다. 당시에 새로운 사상이 유행했음에도 불구하고 전통적인 신앙은 여전히 두 눈 부릅뜬 채 살아 있었다. 여전히 교회 신부님들의 말씀은 법전처럼 떠받들어지고, 마을 교회의 종소리가 소식과 일과를 알리면서 시민 생활을 지배했다. 교회의 권위에 조금이라도 도전하는 행위는 용서받을 수 없었다. 그래서 수많은 이

단들과 지식인들이 화형대의 말뚝으로 보내져 끔찍한 최후를 맞이했다.

또한 먼 곳에 갈라치면 여행객의 노잣돈을 노리는 도적 떼에게 목숨을 잃기 일쑤였고, 어디서나 굶주리고 질병에 시달리는 사람들과 맞닥뜨리고 시체들이 발에 채이기 십상이었다. 당시에 그려진 한 그림에도 한때는 군인이었을 법한 두 명의 도적이 길 가는 두 나그네를 칼로 난자하고 금품을 강탈하는 장면이 묘사되어 있다. 그림에서 놀라운 것은, 그런 끔찍한 일이 바로 옆에서 벌어지는데도 나무꾼들이 태연하게 하던 일을 계속 하고 있다는 사실이다. 그만큼 당시는 폭력과 살인이 예사로이 벌어진 시대였다. 그래서 르네상스가 근대의 봄이라기보다는 되레 중세의 가을, 그러니까 낡은 시대의 끝자락이라는 주장이 설득력이 있다. 후대의 한 역사가는 이 '문명 시대'를 다음과 같이 묘사했다.

"참으로 악한 세계로다. 증오와 폭력이 횡행하고 불의가 만연하며 악마는 그 어두운 날개 밑에 땅을 암흑으로 뒤덮고 있도다."

그래도 르네상스는 새로운가?

중세와 르네상스는 칼로 베어지듯이 단절된 것이 아니라 물 흐르듯이 연속된 것으로 보인다. 무릇 역사는 이음매 없는 옷감과 같아서 이 천과 저 천을 꿰맨 자국을 찾아봐야 헛수고다. 이것이 역사의 특징이라면 특징일 것이다. 자연계에서는 가끔 대홍수나 대지진이 일어나 모든 것이 한꺼번에 뒤집히는 일이 벌어진다. 하지만 인간 세계에서 그런 일은 좀처럼, 아니 전혀 일어나지 않는다. 간혹 혁명이 일어나 단절이 일어난 것처럼 보일 때도 있다. 그러나 이 경우에도 잘 보면, 옛것이 의연히 숨 쉬고 있다. 역사에는 기본적으로 단절이 없는 것이다.

그렇기에 르네상스가 근대의 봄이라는 말에는 과장법이 쓰인 것이다. 하지만 이 말을 액면 그대로 믿지 말고 하나의 은유법으로 이해하면 어떨까? 그렇게 이해하면, 르네상스의 새로움을 얼마든지 인정할 수 있지 않을까? 르네상스에 낡은 것이 열에 아홉은 있을지언정 그전에는 없던 하나가 발견된다면, 마땅히 그것에 주목해야 하지 않을까? 꽃이 사방에 만발하지는 않았더라도 한두 개의 싹이 틔었다면 이제 봄이 오는구나 하고 생각할 수 있지 않을까?

확실히 르네상스 인들을 우리와 똑같은 100퍼센트 근대인들로 규정하는 것은 어려울 것이다. 그러나 그들의 머릿속에 새로운 사상이 싹트고 있었다는 사실까지 부정할 수는 없다. 가령 당대 최고의 인문주의자 레온 바티스타 알베르티(Leon Battista Alberti, 1404~1472)는 "인간은 원하기만 하면 그 무엇이든 될 수 있다."고 말했다. 이 말 뜻을 잘 헤아려 보라. 당시만 해도 인간은 단지 하느님의 피조물로서, 스스로 생각하고 욕망하며 행동할 능력이 없는 수동적인 존재로 여겨졌다. 그러나 알베르티의 말에는 인간이 자기 생각과 욕망과 행동의 주체라는 생각이 분명하게 표현되어 있다. 요컨대 인간은 자신이 원하기만 하면 노력 여하에 따라 운명의 장난도, 신의 섭리도 극복할 수 있다는 말이 아닌가? 그의 이런 생각은 단지 새롭다는 차원을 넘어 혁명적이기까지 하다.

당시에 알베르티만이 '새로운 인간'은 아니었다. 작가 보카치오는 여성의 몸을 탐하고 재물에 눈이 먼 성직자들을 소설에 등장시켜 교회의 타락상을 비판했다. 그는 인간의 구원을 위해 힘써야 할 교회가 거꾸로 인간을 기만하고 억압하는 부조리한 현실을 조롱하고 풍자했다. 그런가 하면 같은 시대에 화가 산드로 보티첼리(Sandro Botticelli, 1445?~1510)는 그리스 신화를 소재로 삼아 여성의 누드화를 그려 교회의 금기에 도전했다. 그는 인간 육체가 정신을 타락시키는 죄악의 원천이라는 교회의 가르침을 무시하고 인간 육체의 아름다움을 대담하게 표현하려고 했다. 물론 나중에는 음란한 누드화를 그린 것을 후회하여 자기 그림을 불태우기도 했지만 말이다. 보카치오나 보티첼리의 소설과 그림에는 그전에는 없던 새로운 정신이 오롯이 담겨 있다. 교회의 권위에 대한 저항 의식과 인간적인 가치 기준에 대한 재발견이 그것이다.

물론 보카치오든 보티첼리든 누구도 당시에 기독교의 테두리를 벗어날 수 없었다. 오늘날 우리가 자신의 의지와는 무관하게 한국인이나 일본인으로 태어나듯이, 당대인들도 선택의 여지없이 기독교도로 태어났다. 그 시대의 작품들을 보면, 온통 성경에 나오는 이야기들과 교회의 가르침들로 가득 차 있는 것을 알게 된다. 가령 단테의 명작 『신곡』의 지옥 편을 한번 펼쳐 보라. 눈을 들어 미켈란젤로의 걸작 「최후의 심판(*Il Giudizio Universale*)」을 바라보라. 그것들을 보고 자기가 죽은 뒤에 무슨 일이 벌어질지 걱정하지 않을 사람이 있겠는가? 거기에 묘사된 두려운 광경들은 신부님의 몇 마디 말보다 훨씬 강렬하다. 『신곡』에 나오듯이, 심판의 무서움은 지옥문에 새겨진 다음과 같은 말에 잘 표현되어 있다.

"여기에 들어오는 자, 모든 희망을 버려라."

그렇기는 해도 중요한 것은, 르네상스 인들이 기독교도였다는 사실을 확인하는 일이 아니라 기독교도였으되 '어떤' 기독교도였는가를 아는 일이다. 그들이 신앙을 표현하는 방식은 예전과는 확연히 달라졌다. 그들은 교회가 잘못하는데도 무작정 교회의 말을 따르거나 인간의 몸을 무조건 천히 여기는 것이 정당하다고 생각하지 않았다. 그들은 진정한 신앙을 지키기 위해서라도 필요하면 교회를 비판해야 하고 주의 권능을 찬양하기 위해서라도 더 열심히 인간 육체의 아름다움을 표현해야 한다고 믿었다. 그리하여 단테는 고대 로마의 이교도 시인 베르길리우스를 스승으로 삼아 지옥을 여행하며 불구덩이에서 신음하는 교황을 묘사했고, 미켈란젤로는 고통받고 심판받는 인간들의 육체를 근육 하나, 실핏줄 하나까지 세심하게 묘사하는 데 정열을 쏟았다.

이렇듯 르네상스 시대의 작품들에서 전통적인 주제는 새로운 정신으로 표현되었다. 그래서 르네상스는 전통과 새로움이 뒤섞인 칵테일과 같다는 생각이 든다. 칵테일은 이 맛과 저 맛을 뒤섞어 전혀 새로운 제3의 맛을 창조해 낸다. 즉 고대 문화와 중세 문화가 혼합되어 새로운 문화가 탄생했던 것이다. 르네상스의 근대적인 성격은 바로 여기에 있다. 그렇다면 르네상스에 옛것이 많이 남아 있었지만, 르네상스는 그래도 새로운 것이다.

위대한 근대인 알베르티

레온 바티스타 알베르티는 피렌체의 부유한 상인 가문 출신으로 15세기 이탈리아 르네상스를 대표하는 지식인이다. 그는 금속 세공사이자 건축가로서 다방면에서 많은 글을 남긴 저술가이다. 건축학, 고고학, 수학, 미술 비평, 문학, 사회학, 정치학 등 그가 손을 뻗치지 않은 분야가 없을 정도다. 그리고 모든 분야에서 전문적인 지식을 자랑하여, 예컨대 그의 건축학 이론은 현대 건축가들의 애독서이기도 하다. 그런 점에서 알베르티는 넓지만 얕은 지식을 갖춘 '교양인'임을 넘어 넓고 깊은 지식을 소유한 '만능인'이었다. 또한 그는 예민한 감수성을 타고 났다. 믿기는 어렵지만, 병이 났을 때 아름다운 사물을 보는 것만으로도 병이 나았고, 키우던 개가 죽자 절절한 추도사까지 지었다고 한다. 알베르티는 고대의 부활이 근대의 시작임을 깨달은 최초의 인물이었다. 그는 인간성이 쇠퇴하여 인류가 더 이상 "고대의 비범한 사람들"이 보여 준 위대한 창조력을 회복하지 못하리라 확신했지만 피렌체에서 "건축가 피포(필리포 브루넬레스키)"를 비롯하여 도나텔로, 마사치오(Masaccio, 1401~1428), 기베르티(Lorenzo Ghiberti, 1378~1455) 등의 작품들을 본 뒤에 근대인들이 고대인들을 능가했음을 깨달았노라고 말했다.

2

르네상스가
이탈리아에 간
이유는 무엇인가?

- 고대 유산이 르네상스를 만들었는가?

- 이탈리아는 어떻게 자유를 수호했는가?

- 문화는 어떻게 탄생하는가?

- 이탈리아 상인은 근대인인가?

- 이탈리아 도시 국가는 근대 국가인가?

- 왜 메디치는 위대한가?

고대 유산이 르네상스를 만들었는가?

 이탈리아는 르네상스의 온실이었다. 그리고 이탈리아는 르네상스를 통해 근대 유럽의 맏형이 되었다. 물론 르네상스는 이탈리아에만 있었던 것은 아니다. 알프스 산맥 너머 북유럽에도 있었다. 그러나 르네상스가 처음 출현한 곳은 역시 이탈리아였다. 그렇다면 왜 하필이면 이탈리아에서 르네상스가 처음 출현했을까? 르네상스가 이탈리아에 간 이유는 무엇일까?

 이 질문에 대한 힌트는 르네상스가 고대의 부활을 외친 문화 운동이었다는 사실에 있다. 그렇기에 르네상스는 로마 제국의 중심지로서 무수한 고대의 문화유산을 간직한 이탈리아에서 처음 시작될 수 있었던 것이다. 이탈리아에서는 발에 차이는 돌멩이 하나하나가 모두 그 옛날 로마 광장이나 원형 경기장, 수로나 공중목욕탕에서 떨어져 나온 역사의 파편들이었다. 특히 로마에서는 건물을 짓기 위해 몇 미터만 파 들어가도 유물과 유적이 나온다. 오늘날 이탈리아 건축법이 유난히 엄격한 까닭이 여기에 있다. 따라서 고대의 이상으로 돌아가려고 한 르네상스가 이탈리아 아닌 다른 곳에서 시작되었다면, 그것이 오히려 이상한 일이었을 것이다.

하기야 유물과 유적이 흔하디흔하다는 사실만으로 르네상스가 이탈리아에서 시작된 이유를 설명할 수는 없다. 그런 식으로 따지면, 그리스에도 르네상스가 있어야 할 것이다. 그리스야말로 로마보다도 먼저 빛나는 고대 문명을 일구어 냈으니 말이다. 또한 고대 유산은 중세에도 늘 이탈리아 인들 곁에 있었을 텐데, 르네상스는 왜 유독 이 시기에 시작되었는가? 중세 사람들은 늘 곁에 있는 고대 로마의 문화유산을 보지 못한 장님이기라도 했다는 말인가?

여기서 문제는 유산이 아니라 사람임을 알 수 있다. 아무리 역사의 파편들이 지천에 깔려 있다고 해도 그 가치를 알아보지 못하면 벽돌장보다도 못한 돌조각일 뿐이다. 사실, 로마의 영웅 카이사르가 제사를 올린 바윗돌을 밥상으로 사용한 사람들이 있을지 모른다. 고대 유산은 새로운 정신에 의해서만 새로운 탐구의 대상이자 새로운 영감의 원천이 될 수 있었다. 한때 많이 유행했던 말에 따르면, 아는 만큼 보이는 법이니 말이다. 그런 점에서 르네상스 시대의 이탈리아 인들은 그리스 인들이나 중세 이탈리아 인들과는 달리 새로운 정신의 소유자들이었다.

르네상스와 이슬람

이탈리아에서 새로운 학문이 발전할 수 있었던 데는 1453년에 비잔티움 제국의 수도 콘스탄티노플이 오스만 튀르크에 의해 함락되어 비잔티움 제국의 많은 고전 학자들이 이탈리아로 피난을 오게 된 것이 중요한 역할을 했다. 당시만 해도 고대 그리스의 철학과 과학은 유럽에서 망각된 상태였다. 고대 그리스 학문의 전통을 계승하고 발전시킨 것은 비잔티움 제국과 이슬람 세계였다. 그때까지만 해도 유럽은 지적으로나 문화적으로 한참 뒤떨어진 변방에 불과했던 것이다. 13세기에 실험 과학을 주창한 유럽 학문의 위대한 스승 로저 베이컨(Roger Bacon, 1214?~1294)도 자기가 이슬람 세계로부터 얼마나 많이 배웠고 앞으로도 얼마나 더 배워야 하는지를 잘 알고 있었다. 따라서 이탈리아 르네상스에 어떤 의미가 있다면, 이 시기에 들어서 비로소 유럽이 다른 세계와 어깨를 견줄 수 있는 문화적 수준에 겨우 도달했다는 점일 것이다. 학자에 따라서는 그렇게 수준이 비슷해졌다는 사실마저도 의심하는 경우가 많지만 말이다.

그렇다면 당시 이탈리아 인들이 새로운 정신을 일깨울 수 있었던 배경은 무엇일까? 먹고사는 데 급급하여 빵을 얻는 데 온 시간을 쓸 수밖에 없다면 새로운 정신으로 고대의 문화 유산을 뒤져 본다는 것은 애당초 불가능했을 것이다. 동서고금을 막론하고 문화는 되돌아볼 수 있는 여유와 여가를 필요로 한다. 오늘날 학파나 학교를 뜻하는 '스쿨(school)'의 어원인 '스콜레(scole)'도 원래 여유와 여가를 뜻하는 말이었다. 따라서 당시 이탈리아 인들이 새로운 정신으로 문화를 꽃피운 것은 아마도 젖과 꿀이 넘쳐 나던 이탈리아 도시들의 넉넉함이 있었기에 가능한 일이었을 것이다.

　이탈리아는 잘 알려져 있듯이 지중해에 불쑥 튀어나온 장화 모양의 반도 국가이다. 그래서 이 반도는 오랫동안 서유럽 세계와 이슬람 세계 사이에 이루어진 원거리 무역의 요충지였다. 이탈리아의 많은 도시들이 국제 교역을 통해 돈을 벌고, 종잣돈을 대부하거나 제조업에 투자하여 막대한 수익을 올리며 배를 불려 나갔다. 그런 가운데 사업을 정확하고 체계적으로 관리하기 위해 주판이나 복식 부기와 같은 회계 도구들이 고안되었고, 거래에 따르는 비용을 절감하고 효율을 증대하기 위해 빵을 함께 나누어 먹는다는 뜻의 '콤파니아'(compania, 회사)라는 제도가 출현했다. 그리고 이런 제도들이 발전하면서 합리적인 사고방식이 널리 확산되었다.

그런가 하면 베네치아, 제노바, 피렌체 등의 상인들은 먼 유럽 지역은 물론이요, 당시에는 잘 알려져 있지 않던 아시아와 아프리카까지 진출했다. 그렇게 미지의 세계를 향해 질주하는 과정에서 마르코 폴로(Marco Polo, 1254~1324)는 중국을 견문했고, 콜럼버스는 아메리카 대륙에 상륙했다. 확실히, 바깥세상을 모르는 사람은 우물 안 개구리처럼 자기가 아는 세상만이 전부라고 생각한다. 그러나 우물 안을 벗어나 넓은 세상을 보았을 때, 그는 그동안 자신의 생각이 얼마나 편협했는지를 깨닫게 된다. 당시에 이탈리아 인들이 바로 그랬다. 그들은 '신세계'에서 마주친 낯선 것들에 점차 익숙해지면서 세상에 대해 열린 시각과 유연한 사고방식을 펼쳐 나갔던 것이다.

물론 도시가 이탈리아에서만 발전한 것은 아니었다. 북유럽 도시들도 경쟁적으로 부를 쌓았다. 특히 중세에는 북부 독일과 플랑드르의 도시들이 번창했다. 그러나 이탈리아 도시들에는 특별한 것이 있었다. 이탈리아 도시들의 풍요로움은 당시 유럽의 어떤 도시나 왕국도 감히 넘볼 수 없는 수준의 것이었다. 그런 막강한 경제력을 바탕으로 이탈리아 도시들은 주변 농촌을 정복하여 일종의 작은 도시 국가로 발전해 나가기 시작했다. 이는 농촌을 지배하던 영주나 국왕의 지배권 아래에 종속되어 있거나, 아니면 그들로부터 자치권을 얻는 것으로 만족한 다른 지역의 도시들과 구별되는 점이다. 그래서 지도상에서 보면, 북유럽 도시들은 하나의 점으로 표시되는 반면에 이탈리아 도시들은 일정한 면적을 가진 것으로 나타난다.

이처럼 이탈리아 도시들은 저마다 독립 국가처럼 발전했기 때문에 반도 전체를 아우르는 하나의 통일 국가는 출현하지 못했다. 이탈리아가 단일 국가로 통합된 것은 19세기에 들어서였다. 그래서인지 이탈리아는 자주 "천 개의 도시들"로 이루어진 나라라는 평을 받는다. 그만큼 개성이 강한 도시들이 즐비하다는 말이다. 영원의 도시 로마를 비롯하여 패션의 도시 밀라노, 물의 도시 베네치아, 꽃의 도시 피렌체, 로미오와 줄리엣의 고향 베로나, 죽기 전에 꼭 봐야 한다는 세계적인 미항 나폴리, 여러 문명들이 마치 피자처럼 한데 뒤엉켜 있는 팔레르모 등이 그런 도시들이다. 각양각색의 이탈리아 도시들을 한데 이어주는 것은 오직 서로 간에 주고받는 인사말, '차오(ciao)'밖에 없었다. 이탈리아 르네상스는 도시 문명인 것이다.

로마의 위와 아래

이탈리아는 모든 지역들이 천차만별이지만, 특히 로마의 위와 아래는 마치 하늘과 땅처럼 다르다. 로마의 아래, 즉 남부 이탈리아에서는 도시가 그다지 발전하지 못했다. 남부는 1015년에 로베르 기스카르 (Robert Guiscard, 1015~1085) 등의 노르만 기사들에 의해 정복되어 대규모의 중앙 집권적인 왕국으로 발전했다. 그 반면에 로마의 위, 즉 북부 이탈리아에는 소규모의 도시 국가들이 다투어 번성했다. 13세기 즈음에 남부에는 인구 2만을 넘는 도시가 고작 세 개였으나, 북부에는 무려 스무 개가 넘었다. 북부와 남부의 차이는 현대로 고스란히 이어졌다. 오늘날에도 남부는 북부에 비해 척박하고 빈곤하다. 이것이 바로 현대 이탈리아 정부들을 오랫동안 괴롭혀 온 '남부 문제'라는 것인데, 역사적으로 그 뿌리가 매우 깊은 셈이다.

이탈리아는 어떻게 자유를 수호했는가?

이탈리아 도시들이 그렇듯 풍요로웠으므로 주변 세력들이 호시탐탐 이탈리아를 노린 것도 당연했다. 너무 부유한 것이 되레 불행의 씨앗이 된 셈이다. 특히 이탈리아 도시들에게는 반도 중심에 버티고 있던 로마 교황과 알프스 산맥 북쪽에서 남쪽으로 세력을 뻗치던 신성 로마 제국의 황제가 위협적이었다. 이탈리아 도시들에서도 황제를 지지하는 세력(황제

파)과 교황을 지지하는 세력(교황파)이 나뉘어 서로 피를 튀는 당파 싸움에 여념이 없었다. 그런 내분에 휘말려 단테와 같은 위대한 시인도 추방되어 죽을 때까지 고향 땅을 밟지 못할 정도였다.

그런 위협 속에서 마침내 붉은 수염(바르바롯사) 프리드리히 대왕이라 불리는 신성 로마 제국의 황제 프리드리히 1세(Friedrich I, 1122~1190)가 이탈리아에 대한 야욕을 드러내고 군대를 출동시키기에 이르렀다. 이탈리아 도시들은 1176년에 즉각 밀라노를 중심으로 롬바르디아 도시 동맹을 결성하여 레냐노 전투에서 황제군을 격파했다. 이로써 이탈리아 도시들의 자유가 수호되었다. 이를 기념하여 19세기 이탈리아의 애국적 음악가 주세페 베르디(Giuseppe Verdi, 1813~1901)는 「레냐노 전투(*La battaglia di Legnano*)」라는 멋진 음악을 작곡하기도 했다.

분루를 삼킨 프리드리히 황제는 다음을 기약하고 십자군 원정에 나갔다가 터키의 키드누스 강에서 몸을 씻다 그만 익사하고 말았다. 이 사실을 두고 마키아벨리는 이탈리아 도시들이 자기 자신의 역량인 '덕'뿐만 아니라 '운'으로써도 자유를 수호할 수 있었다고 암시했다. 그러나 신성 로마 제국의 위협은 끝나지 않았다. 프리드리히 2세(Friedrich II, 1194~1250)가

끊임없이 이탈리아를 노렸고, 그의 사망 이후 아들 만프레트가 1258년에 재차 침공을 시도했다. 그러나 교황과 피렌체 상인들의 후원을 받은 프랑스의 앙주 공 샤를이 1266년 베네벤토 전투에서 만프레트의 군대를 물리침으로써 신성 로마 제국 황제에 의한 이탈리아 통일의 전망은 먼지처럼 사라졌다.

한편, 또 다른 위협이었던 교황 세력은 프랑스의 국왕 필리프 4세(Philippe IV, 재위 1285~1314)와 충돌하면서 맥없이 무너졌다. 필리프 4세는 당시 야심만만한 교황 보니파키우스 8세(Bonifacius VIII, 재위 1294~1303)와 갈등을 빚다가 1303년에 음모를 꾸며 교황을 납치 감금해 버렸다. 이는 국왕권이 교황권을 능가하기 시작했음을 알린 신호탄이었다. 그 이전에는 교황의 파문장 하나로 유럽의 국왕들이 교황의 무릎 앞에 머리를 조아리지 않았던가? 그러나 이제 시대는 바뀌었다. 파문장도 아무런 효력이 없었다. 교황으로서는 격세지감을 느꼈을 것이다. 필리프가 곧 교황을 석방해 주기는 했으나, 풀려난 교황은 분을 삭이지 못한 채 숨을 거두고 말았다. 보니파키우스 8세의 죽음 이후에 오랫동안 교회는 분열을 면치 못했다. 이 또한 자유를 원하던 이탈리아 도시들로서는 나쁘지 않은 징조였다.

물론 이탈리아 도시들이 자유를 수호한 대가는 혹독했다. 황제 세력을 쫓아내는 데 도움을 준 뒤 남부 이탈리아를 지배하게 된 프랑스의 앙주 공 샤를이 주민들의 의사를 무시하고 독단적인 결정으로 수도를 시칠리아의 팔레르모에서 나폴리로 옮기려고 했을 때, 1282년에 시칠리아 섬의 주민들이 프랑스 지배에 맞서 일제히 봉기를 일으켰다. 이것이 유명한 '시칠리아 만종 사건'이다. 이 반란으로 이탈리아 남부가 흡사 '만인에 대한 만인의 투쟁'을 방불케 하는 대혼란에 빠져 영토가 초토화되고 말았다. 그리하여 이탈리아의 통일을 열렬히 염원했던 단테는 망명 중에 당시의 참혹한 반도의 상황을 보고 이렇게 탄식했다.

"비참한 땅에서 피 흘리고 있는, 오 비굴한 이탈리아여, 너는 거대한 폭풍우 속에서 선원이 없는 배와 같구나."

이탈리아의 수출품, 르네상스와 마피아
'만인에 대한 만인의 투쟁'이 벌어진 주요 무대인 이탈리아 남부의 비극을 상징하는 것이 바로 이 지역에 뿌리를 두고 번성한 조직범죄 집단인 '마피아(mafia)'이다. 이 말의 유래는 불확실하다. 일설에 따르면, 1282년의 '시칠리아 만종 사건'에서 주민들이 외친 구호, 즉 "이탈리아는 외친다. 프랑스에게 죽음을(Morte alla Francia! Italia anela)!"이라는 문장의 첫 글자들을 모아 만들어졌다고 한다. 물론 신빙성이 없는 이야기다. 아마도 이런 근거 없는 주장 뒤에는 마피아와 애국주의를 어떻게든 연결시켜 보자는 속셈이 있었을 성싶다. 어쨌든 남부 이탈리아의 비극에서 중요한 사실은, 예나 지금이나 북부 이탈리아 도시들의 번영이 남부의 빈곤을 토대로 가능했고, 또 가능하다는 역설이다. 한마디 덧붙이자면, 이탈리아는 유럽에 르네상스라는 값진 문화를 선물했지만, 미국에는 마피아라는 고약한 제품을 수출했다는 것도 역사가 보여 주는 또 다른 역설이다.

문화는 어떻게 탄생하는가?

황제와 교황의 간섭에서 자유로워진 이탈리아 도시들은 수준 높은 시민 문화의 터전이 되었다. 당시 이탈리아 인들은 스스로를 자유로운 도시의 자식들로 여겼다. 『신곡』의 연옥 편에 나오는 한 여성은 자신을 고향 도시 시에나와 동일시하면서 이렇게 말했다.

"나는 피아예요. 시에나가 나를 만들었습니다."

또한 같은 곳에서 만토바 출신의 시인 소르델로는 단테를 인도하던 안내자 베르길리우스가 누군지도 모른 채 다만 만토바 출신이라는 사실 하나만을 알고서 반가운 나머지 그를 부둥켜안는다. 도시야말로 사람들을 한데 묶어 주는 정체성의 샘이었던 것이다. 또한 도시는 인간을 인간답게 만들어 주는 토양이었다. 『신곡』의 천국 편에서 단테는 다음과 같은 질문을 받는다.

"만일 지상에서 인간이 시민이 아니라면 사태는 악화될까?"

단테는 대답한다.

"물론 나빠지지요."

단테에게 인간은 다양한 직업과 개성으로 어울리는 도시 생활을 통해서만 타고난 역량을 완전하게 발휘할 수 있는 존재였던 것이다.

이렇게 본다면 르네상스를 낳은 것은 이탈리아의 도시와 시민 생활, 거기서 탄생한 문명의 규범이었다. 당시에 많은 사람들이 이탈리아 도시들의 부유함과 시민들의 고상함에 대해 입을 모아 찬양했다. 이탈리아 시민들은 누구나 훌륭한 예술품을 감상하고 평가할 수 있는 미적 감각의 소유자라고 믿어졌다. 우스갯소리이기는 하지만, 한 피렌체 시민은 죽기 전 침대맡에서 마지막으로 입 맞추는 십자가의 모양이 마음에 안 든다고 하여 더 예쁜 모양의 십자가로 바꾸어 주기를 청했다고 한다. 미다스 왕의 손이 닿는 것은 무엇이나 황금으로 변한다는 그리스 신화처럼, 이탈리아 인들의 손이 닿으면 모든 것이 예술 작품이 된다는 신화도 나타났다.

밀라노, 제노바, 베네치아, 시에나, 우르비노, 피사, 피렌체 등이 모두 그런 시민들을 길러낸 대표적인 이탈리아의 문화 도시들이었다. 이 도시들은 한결같이 상업과 금융업 등으로 부를 축적한 뒤 이를 바탕으로 특색 있는 르네상스 문화를 꽃피웠다. 도시가 문화를 잉태한 것이다. 이 대목에서 「시티 홀(City Hall)」(1996)이라는 영화에 나오는 한 대사가 떠오른다.

"모든 훌륭한 것은 도시로 모인다. 왜냐하면 도시는 위대하기 때문이다."

이탈리아 도시들 중에서도 으뜸은 단연 피렌체였다. 피렌체야말로 르네상스라는 왕관에 박힌 가장 빛나는 보석이었다. 14세기에 피렌체의 인구는 약 10만 명으로 당시 8만여 명의 파리와 4만여 명의 런던을 훌쩍 뛰어넘었다. 또한 당시 피렌체에는 문자를 배우는 약 1만 명의 학동과 산수를 배우는 약 1000명의 학동, 그리고 100개의 교회와 30개의 병원이 있었다. 피렌체야말로 오늘날 뉴욕에 버금가는, 가히 서양 세계 최초의 메트로폴리스였다는 생각이 든다. 그리하여 이탈리아 도시들의 분열상을 통탄해 마지않았던 단테도 피렌체를 두고서는 "그토록 평화롭고, 그토록 훌륭한 시민들의 공동체, 그

와 같이 믿음에 넘치는 사회, 그와 같이 즐거운 집"이 있다고
하며 찬사를 아끼지 않았다. 피렌체는 이탈리아 도시 문명의
어머니였던 것이다.

그러나 자유가 아무런 대가 없이 지켜지지 않듯이, 문화도
대가 없이 꽃피지 않았다. 아름다운 연꽃은 진흙탕 속에서 핀
다. 자유가 외국 세력들과의 격렬한 투쟁 끝에 쟁취되었다면,
문화는 사회 계급들 사이의 지루한 분쟁 끝에 창조되었다. 도
시들마다 사정은 조금씩 달랐지만, 사회적 갈등은 빈번하고
격렬했다. 한편에는 상공업으로 새로이 부상하던 '포폴로' 즉
도시 중간 계급과 토지에 기반을 둔 전통적인 농촌 귀족 계급
사이의 갈등이 있었고, 다른 한편에서는 도시 중간 계급 내부
의 상층(대시민)과 하층(소시민) 사이의 갈등이 있었다.

'포폴로'

'포폴로(popolo)'는 영어의 '피플(people)'에 해당하는 이탈리아 말인
데, 우리말로 직역하면 '민중'쯤 된다. 그러나 '포폴로'에는 아주 부유
한 상인들, 금융가들, 제조업자들도 포함된다. 그러므로 그들이 '민중'
이라는 표현으로 묶일 수는 없다. '포폴로'의 정확한 뜻은 시민 계급,
즉 도시 중간 계급이다. 여기서 중간 계급이라는 것은 말 그대로 상층
귀족 계급과 하층 무산 계급 사이에 끼어있는 계급, 즉 요즘으로 치면
중산층이라는 말이다. 이 중간 계급은 다시 상인, 금융가, 제조업자 등

먼저 이탈리아 도시들에서 농촌에 기반을 둔 유력한 대귀족 가문들과 도시의 길드(동업 조합)에 소속되어 있던 중간 계급 사이에 치열한 투쟁이 벌어졌다. 이 오랜 투쟁에서 중간 계급이 승리를 거두게 되었다. 그 결과로 예전의 거칠고 호전적인 귀족 엘리트들이 도시 생활에 적응하게 되면서 차츰 '문명화'되기 시작했다. 그런 가운데 귀족 전사들이 좋아한 결투와 사냥 등의 격렬하고 파괴적인 관행과 놀이는 좀 더 점잖고 품위 있는 궁정의 예절과 문화로 대체되었다. 과연 당시에 예법서들이 홍수처럼 쏟아져 나왔다. 발다사레 카스틸리오네 (Baldassare Castiglione, 1478~1529)는 『궁정인(*Cortegiano*)』에서 새로운 신사의 기준을 포괄적으로 제시했고, 조반니 델라 카사(Giovanni della Casa)는 그 속편 격의 책 『갈라테오(*Galateo*)』에서 보통 사람들이 지켜야 할 구체적인 예절 지침들을 가르쳐 주었다. 코를 푼 뒤 손수건에 묻어 있는 내용물을 빤히 들여다보지 말라거나 기침이나 재채기로 상대방의 귀를 멍하게 하거나 상대방의 얼굴에 침을 튀게 해서는 안 된다는, 오늘날에는 너무도 당연한 예의범절들이 모두 그의 책에 빼곡히 수록되어 있다.

그렇다면 이런 예법들을 포함하여 르네상스의 학문이라는 것도 따지고 보면, 낡은 엘리트들을 제치고 등장한 신흥 도시 중간 계급의 지배를 정당화하는 이데올로기나 다름없었다. 이탈리아의 도시 중간 계급은 자신의 경제력과 자율성을 바탕으로 유럽에서 처음으로 지배 엘리트들인 귀족 계급의 규범과 관습과 전통을 뒤바꾸는 데 성공했다. 이렇듯 문화는 텅 빈 진공 상태에서가 아니라 계급들로 빽빽이 밀집되고 투쟁으로 점철된 사회 공간에서 발전해 나간 것이다.

귀족 계급에 대한 투쟁에서 중간 계급이 승리할 무렵, 이번에는 중간 계급 내부에서 다툼이 벌어졌다. 상인이나 금융가 등의 상층 중간 계급과 소상인이나 수공업자 등의 하층 중간 계급 사이에 갈등이 터져 나온 것이다. 게다가 1378년 피렌체에서는 '촘피(ciompi)'라고 불린 양털 가공 노동자들까지 반란을 일으켰다. 그러나 하층민들의 저항은 곧 진압되었고, 상층 중간 계급이 주도권을 쥔 상태에서 하층민들이 시정에 참여할 수 있는 다양한 방법이 모색되었다.

이렇게 이탈리아 도시들은 계급 갈등으로 혼란스러웠던 14세기를 지나고 다음 세기로 접어들면서 계급들 간에 타협과 합의가 이루어진 안정된 국면을 맞이했다. 그런 안정감을 바탕으로 르네상스 문화가 만개했다. 그리하여 15세기를 뜻하는 이탈리아 말 '콰트로첸토(Quattrocento)'는 이탈리아 문화의 황금기로서 르네상스 그 자체를 상징하는 말이 되었다.

엽기적인 아이들

르네상스 시대 이탈리아 도시들에는 두 얼굴이 있었다. 르네상스 자체에 근대의 봄이면서 동시에 중세의 가을이라는 면도 있는 것처럼, 이탈리아 도시들도 어떤 점에서는 상당히 근대화되고 문명화되었지만 다른 점에서는 여전히 중세적이고 야만적이었다. 일례를 들어 보면, 당시 피렌체의 어린이들은 서로 주먹질을 하면서 깔깔댔고, 심지어 고양이를 산 채로 벽에 못 박아 놓고 머리로 들이박아 죽이는 놀이를 즐겼다. 아이들이 그렇게 폭력적일 수 있다는 것이 현대인들에게는 잘 납득이 가지 않지만, 폭력이 횡행하던 당시에는 별로 이상한 일도 아니었을 것이다. 르네상스 시대 이탈리아 도시들이 근대화되고 문명화된 공간임에는 틀림없지만, 여전히 뒷골목에서는 예전의 풍습과 도덕이 꿋꿋하게 유지되고 있었다.

이탈리아 상인은 근대인인가?

이탈리아 르네상스 사회의 지배층은 주로 상인들이었다.

그들은 막대한 부를 성처럼 쌓고, 이를 바탕으로 도시 행정을 좌지우지해 나갔다. 원래 중세에 상인이라는 직업은 천한 것으로 여겨졌다. 기독교의 가르침에서 돈벌이는 권장할 만한 일이 아니었기 때문이다. 중세의 사회 질서를 떠받치는 세 개의 신분은 기도하는 자(성직자), 싸우는 자(귀족), 일하는 자(농민)였다. 돈벌이하는 자인 상인은 이 신분 질서에서 이방인이요, 주변인에 불과했다. 시간을 쪼개 악착같이 돈을 벌기에는 이 세상사가 너무도 덧없고, 온종일 하느님께 기도만 드려도 시간이 모자랄 판이었다. 이것이 '교회의 시간'이었다. 그러던 것이 르네상스 시대에 오면, 상인의 지위가 눈에 띄게 높아졌다. 그들의 영향력이 커지면서 그들의 생각이 사회에 큰 영향을 미쳤다. '상인의 시간'은 중세 사회에서 근대 사회로 발전하는 데 밑거름이 되었다.

'상인의 시간'이란 무엇인가? 이를 알기 위해서는 상인들이 어떤 사람이었고, 어떤 생각을 했는지 이해해야 한다. 그들은 현실적인 사람들이었다. 그들도 내세에 관심이 많았지만, 그보다는 현세의 삶이 먼저였다. 그들에게는 지옥에 떨어지는 것이 끔찍한 만큼, 파산도 그에 못지않은, 아니 그보다 더 끔찍한 악몽이었다. 그들은 파산을 피하고 더 많은 이윤을 남기기 위해 열심히 일했다. 언젠가 우리나라의 한 기업가가 말한

"세상은 넓고 할 일은 많다."가 르네상스 상인들의 좌우명이었다. 그토록 바쁜데 인생무상이라는 말이 귀에 들릴 리 만무했다.

상인들은 사업을 위해 거래 내역과 거래 일자 하나하나를 상세하고 꼼꼼하게 기록하여 남겨 두었다. 회계 장부를 만들지 않는 것은 용서받을 수 없는 일이었다. 그것을 작성하지 않고서는 이윤이 어느 달에 발생했는지 알 길이 없었기 때문이다. 상인들에게는 몇 년 단위가 중요한 게 아니라 몇 개월 단위가 중요했다. 또한 상인들은 상품을 실은 배가 도착하는 데 시간이 얼마나 걸리며, 정확히 언제 도착하는지를 알아야 했다. 이윤이 시간에 좌우되었으니 말이다. 높은 가격에 상품을 팔 수 있는 시기를 포착하는 것이 성공과 실패를 가르는 핵심 요소였다. 경기가 좋은 때에 돈을 놀리는 것이 투자가의 세계에서 죄악이듯이, 상인의 세계에서도 거래의 적기를 놓치는 것은 어리석은 일이었다. 그리하여 르네상스 상업의 세계에서는 '죽은 돈'을 만들지 말라는 충고가 통하고 있었다. 상인들은 한 달, 심지어 하루 차이에도 목숨을 걸 정도였다. 그래서 1555년에 베렝고라는 한 상인은 비단을 가득 실은 배가 도착하지 않자 발을 동동 구르며 "우리는 죽은 것이나 다름없다."고 절망했던 것이다.

그러나 새로운 시간관념을 가진 상인들도 여전히 '교회의 시간'에서 완전히 벗어나지는 못했다. 그 당시는 오늘날처럼 조선술이나 항해술이 발전하지 못했고, 또 해적 떼도 극성을 부리던 시절이라서 상품을 실은 배가 안전하게 돌아오리라 장담하기 어려웠다. 말하자면 '불확실성의 세계'였던 것이다. 국제 무역의 이윤은 엄청났지만, 그만큼 위험 부담도 컸다. 전 재산을 쏟아부은 배가 난파나 강탈이라도 당하면, 바로 파산이었다. 그래서 상인들은 화물선이 안전하게 돌아오기만을 간절히 기도하는 수밖에 없었다. 모든 것이 시간에 달려 있었던 만큼, 신의 가호에도 달려 있었다. 이런 측면에서 보자면 상인들은 '교회의 시간'과는 다른 시간관념을 가진 근대인이었지만, 그와 동시에 신의 보살핌을 애타게 갈구하는 전형적인 중세인이기도 했다.

그래도 상인들은 진취적이었다. 그들은 배가 안전하게 항구에 닿게 해달라고 열심히 기도했지만, 오로지 기도만 한 것은 아니었다. 그들은 위험 부담을 어쨌든 덜어 내기 위해 새로운 제도를 생각해 냈다. 이것이 바로 보험이다. 이탈리아 르네상스 상인들에게 보험이란 지나친 위험도 피하고, 하느님에 대한 지나친 의존도 피하는 절묘한 타협책이었다. 이처럼 상인들이 지배한 르네상스 시대의 이탈리아 사회는 운명의 장난이나 하느님의 섭리까지도 인간의 노력으로 통제할 수 있다는 사고방식을 발전시켜 나갔다. 그리고 그런 상인들의 현실적이고 인간적인 사고방식이 사회 전체에 확산되면서 점차 근대 사회가 모습을 갖추어 나갔다.

이탈리아 도시 국가는 근대 국가인가?

상업으로 벌어들인 막대한 부는 물론이요, 상인들의 새로운 시간관념과 현실적인 사고방식이 르네상스 문화가 화려하게 꽃피는 데 비옥한 토양이 되었음은 틀림없다. 그러나 토양만 좋다고 해서 멋진 정원이 가꾸어지는 것은 아니다. 거기에 더해 멋진 정원을 가꾸려는 집주인의 결심이 필요하다. 바로 이 집주인이 돈을 아끼지 않고 훌륭한 정원사를 고용하고 그의 조언을 받으면서 좋은 재료를 구비할 때에만 정원은 멋지게 꾸며지는 법이다. 이 집주인에 해당하는 사람이 바로 르네상스 시대 이탈리아 도시 국가들을 통치한 지배자들이다.

이 지배자들이 어떤 사람들이었는지를 잘 보여 주는 흥미로운 일화가 있다. 1414년에 신성 로마 제국의 황제 지기스문트(Sigismund, 재위 1387~1437)와 로마 교황 요한 23세

(Joannes XXIII, 재위 1410~1415)는 이탈리아 북부의 크레모나에서 만남을 가졌다. 당시 크레모나의 지배자는 카브리노 폰둘로(Cabrino Fondulo, 1370~1425)라는 군주였다. 하루는 폰둘로가 황제와 교황을 멋진 풍경이 펼쳐진 토라초라는 탑 꼭대기에 초대했다. 그리고 풍경을 감상하던 두 사람을 지켜보면서 폰둘로는 그들을 밀어 떨어뜨리고 싶은 충동을 간신히 억눌렀다.

폰둘로는 이탈리아 르네상스 군주들의 특징을 잘 보여 주는 전형적인 인물이다. 그는 자신의 목적을 위해서라면 수단과 방법을 가리지 않는 비정함과 잔인함, 무례함을 모두 겸비한 군주였다. 그는 자신의 권력을 지키고 키우기 위해서라면 중세적인 정치 질서의 최정상에 위치한 황제와 교황을 얼굴색 한 번 바꾸지 않고 처치할 정도로 냉혈한 정치가였다. 그렇기 때문에 이탈리아 르네상스 군주들은 황제와 교황이라는 '두 개의 칼'이 지배한 중세 사회에서 이질적인 요소였다. 마치 상인들이 세 개의 신분으로 이루어진 중세 사회에서 이질적인 요소였던 것처럼 말이다.

폰둘로는 그 시대에서 예외적인 존재가 아니었다. 르네상스 시대에는 폰둘로처럼 권력을 위해서라면 무슨 일이든 저지를 사람들이 득실댔다. 예를 들어, 1381년에 베로나의 지배자 안토니오 델라 스칼라(Antonio della Scala)는 권좌를 위해 자기 친형을 살해했고, 1385년에 밀라노의 잔 갈레아쬬 비스콘티(Gian Galeazzo Visconti)는 가문의 유산을 독차지하기 위해 자기 삼촌인 베르나보를 속여 감옥에 감금해 버렸다.

르네상스 군주들의 비정함은 너무도 인상적이어서 후대의 많은 작가들과 음악가들의 마음을 사로잡았다. 가령 유명한 오페라 작사가인 펠리체 로마니(Felice Romani)는 가에타노 도니체티(Gaetano Donizetti, 1797~1848)의 유명한 오페라인 「루크레치아 보르자」의 대본을 위해 프랑스의 문호 빅토르 위고(Victor Hugo, 1802~1885)의 동명 소설을 이용했다. 루크레치아 보르자(Lucrezia Borgia, 1480~1519)는 르네상스 이탈리아를 대표하는 미인으로서 당시 교황 알렉산데르 6세(Alexander VI, 재위 1492~1503)의 딸이자 로마냐의 지배자 체사레 보르자(Cesare Borgia, 1475/76~1507)의 여동생이었다. 그녀는 세 번의 정략결혼을 거쳐 결국 죽음에 이른다. 루크레치아는 서양에서 위험한 '팜므 파탈(요부)'의 대명사로 통하지만, 알고 보면 아버지와 오빠의 정치적 야망에 이용되어 파멸한 비운의 여성이다.

잠깐! 르네상스 시대의 냉혹한 정치를 둘러싼 이야기들은 우리의 낭만적 상상력을 사로잡는다. 가령 작곡가 빈첸초 벨리니(Vincenzo Bellini, 1801~1835)를 위해 지어진 로마니의 작품 「베아트리체 디 텐다」는 참으로 매혹적이다. 주인공 베아트리체는 용병대장 루제로 카네의 딸로 파치노 카네와 결혼했다가 그가 죽은 뒤 밀라노의 공작 필리포 마리아 비스콘티와 재혼했다. 비스콘티 공작으로서는 베아트리체의 지참금이 탐이 났는데, 그 돈이면 무너져 가는 밀라노를 얼마든지 재건할 수 있을 것 같았다. 그러나 비스콘티 공작과의 결혼 후에 베아트리체는 간통죄로 고발되어 끔찍한 고문 끝에 처형되고 말았다. 비록 이탈리아가 무대는 아니지만, 로마니와 도니체티의 작품 「앤 볼린(*Anna Bolena*)」도 16세기 영국의 르네상스 군주인 헨리 8세(Henry VIII, 재위 1509~1547)로부터 잔인하게 버림받은 여성을 노래하고 있다. 확실히, 오페라 등으로 한껏 부풀려진 비극적인 전설들이 르네상스 군주가 피도 눈물도 없는 새로운 정치 양식과 도덕관념의 대표자라는 생각을 강화시켰다. 그리고 르네상스 시대의 이탈리아 도시 국가들은 바야흐로 근대 국가가 탄생하던 그 시절, 그 태초의 혼돈을 날 것 그대로 생생하게 보여 주는 사례들로 해석될 수 있다. 우리는 그 시대를 되돌아보면서 어떻게 그런 일들이 벌어질 수 있는지 이해할 수 없을지도 모른다. 그러나 놀랍지만, 너무 놀랄 일만도 아니다. 르네상스 인 윌리엄 셰익스피어(William Shakespeare, 1564~1616)는 『맥베스(*Macbeth*)』에서 이렇게 말하지 않았던가.

"하늘과 땅 사이에는 어떤 일이든 일어날 수 있다."

그러나 르네상스 군주들이 예전의 관념으로는 상상할 수도 없었던 새로운 정치 양식과 도덕관념을 지녔다고 할지라도, 그들은 여전히 중세의 정치 질서 안에 있었음을 잊어서는 안 된다. 군주들은 황제와 교황의 권위에 도전하기는커녕 그들이 하사해 주는 직위와 훈장에 감격했다. 실제로 그들은 독립된 군주라기보다는 여러 상위 국왕들의 신하였다. 이는 중세의 전형적인 정치 법칙이었다. 가령 중세 프랑스의 글로스터 백작 로베르(Robert of Gloucester)는 프랑스 왕에 대해서만이 아니라 노르망디 영주와 베이외 주교 등에게도 충성을 서약한 신하였다. 르네상스 이탈리아에서도 사정은 마찬가지였다. 잔프란체스코 곤차가(Gianfrancesco Gonzaga, 1395~1444)는 작지만 강인한 만토바의 군주이면서 형식적으로는 영국왕 헨리 6세의 신하였으며, 우르비노의 페데리코 다 몬테펠트로(Federico da Montefeltro, 1422~1482)는 나폴리 왕 페란테로부터 받은 에르미네 훈장과 영국의 에드워드 4세로부터 받은 가터 훈장을 자랑했다.

무엇보다 르네상스 시대에 가문과 가문 사이에 끔찍한 폭력과 복수가 예사로이 벌어졌다는 사실은, 이탈리아의 도시 국가들이 역내에서 질서와 평화를 확립한 근대 국가와는 거리가 멀었음을 말해 준다. 윌리엄 셰익스피어(William

Shakespeare)의 희곡 『로미오와 줄리엣(*Romeo and Juliet*)』의 비극의 배경이 된 것도 15세기 북부 이탈리아 도시 베로나에서 벌어진 가문들 간의 폭력과 복수였다. 몬터규(영어로 Montague, 이탈리아어로 몬테키(Montecchi)) 가문과 캐플릿(영어로 Capulet, 이탈리아어로는 카풀레티(Capuleti)) 가문 사이의 해묵은 원한이 젊은 연인들을 죽음으로 내몰았다. 줄리엣은 사랑하는 로미오 앞에서 이렇게 절규한다.

"아 로미오, 로미오! 왜 당신은 로미오이신가요? 아버지와 관계없고, 그 이름이 아니라고 말씀하세요. 그렇게 못 하신다면, 저를 사랑한다고 맹세만이라도 해 주세요. 그러면 저는 캐플릿이라는 성을 버리겠어요."

그러나 르네상스 도시 국가는 그 자체가 근대 국가는 아니었을지 몰라도 근대 국가의 선구자였다. 군주들은 권력을 유지하기 위해 시민들로부터 좋은 평판을 얻는 게 중요하다는 사실을 일찌감치 알아차렸다. 시민들을 무작정 억누르기만 한다고 능사가 아니라 그들의 자발적인 동의를 얻어야만 국가를 쉽게 통치할 수 있다는 것이다. 그래서 군주들은 시민들의 건강을 위해 병원을 짓고 공정한 조세를 위해 인구 조사 대장을 만드는 등 많은 노력을 기울였다. 또한 그들은 사치 단속법이나 풍기 단속법 등을 통해 시민 생활의 기강을 확립하는 데도 남다른 관심을 두었다. 말하자면, 그들에게 국가는 공들여 깎고 연마한 일종의 조각품과 같은 것이었다. 비록 르네상스 군주들은 이 예술 작품으로서의 국가를 개인 재산으로 여겼지만, 소중한 재산을 관리하기 위해 공공복지와 치안 유지에 힘을 쏟으며 근대 국가를 준비한 것이었다.

그뿐만이 아니다. 출신이 미천한 르네상스 군주들은 문예 보호에도 열을 올렸는데, 학문과 예술은 귀족의 '푸른 피'를 타고나지 못한 자들의 위신과 체통을 높여 주는 수단으로 여겨졌다. 오늘날에도 비정상적인 방법으로 권력을 찬탈한 위정자들이 문예 보호에 열중하는 경우가 많다. 이때 학문과 예술은 빈약한 권력의 정당성을 근사하게 포장해 주는 기능을 한다. 그러나 이런 르네상스 군주들의 후원이 없었다면, 위대한 이탈리아 르네상스의 문화도 없었을 것이다. 처음의 의도가 순수하지 않았다고 해서, 그 결과까지도 항상 몹쓸 것은 아니다.

국가, 위대한 전리품

르네상스 시대의 정치 무대는 자수성가한 배우들로 넘쳐 났다. 그들은 권력을 유산으로 물려받은 것이 아니라 스스로의 힘과 지략으로 쟁취했다. 그들에게 국가는 자기의 능력을 증명해 주는 전리품이었다. 그리고 이 국가라는 개인 재산을 마치 예술 작품인 양 부지런히 깎고 다듬고 광을 냈다. 그런 군주들 중에는 특히 용병대장 출신이 많았는데, 원래 그들은 다른 군주를 위해 고용된 직업 군인들이었다. 이들은 군주의 입장에서 보면 '양날의 칼'과 같은 존재였다. 만일 용병대장이 탁월한 실력자라면, 그는 군주에게 소중한 존재였다. 그러나 용병대장이 유능하면 유능할수록 그는 언제라도 군주의 자리를 빼앗을 수 있는 위협적인 존재였다. 그래서 15세기의 위대한 용병대장 로베르토 말라테스타(Roberto Malatesta, 1440~1482)는 전투에서 승리한 뒤 곧 고용주였던 식스투스 4세(Sixtus IV, 1414~1484)에 의해 죽임을 당했던 것이다. 그러나 밀라노의 스포르차나 우르비노의 몬테펠트로처럼 권력을 찬탈하여 르네상스의 후원자로 명성을 날린 가문도 많다. 특히 몬테펠트로가 건립한 도서관은 당시 유럽 최대의 컬렉션을 자랑했고, 그의 궁정은 새로운 시대의 예법을 다룬 카스틸리오네의 책 『궁정인』의 배경이 되었다.

왜 메디치는 위대한가?

이탈리아 르네상스 시대의 위대한 후원자라면 단연 '메디치'라는 이름 세 글자를 떠올리지 않을 수 없다. 메디치는 그 이름에서 추측하건대 약사나 의사 출신인 것 같지만 실은 금융업과 모직업으로 큰돈을 벌고 이를 바탕으로 피렌체 시정까지 장악하여 르네상스 문화를 꽃피운 대가문의 이름이다. 메디치 가문의 후원은 피렌체 르네상스, 나아가 이탈리아 르네상스의 '대동맥'이었으며, 피렌체는 이탈리아 르네상스, 나아가 유럽 르네상스의 '메카'가 되었다. 그럼으로써 메디치 가문은 르네상스와 동의어가 될 정도로 불후의 명성을 후대에 남겼다.

1434년에 코시모 데 메디치(Cosimo de' Medici, 1389~1464)가 '정의의 기수'라는 최고 관직에 올라 피렌체의 행정을 장악하면서 '메디치 시대'가 개막되었다. 그는 형식적으로는 공화정을 존중했지만, 실제로는 군주나 다름없이 독재 정치를 펼쳤다. 그러나 피렌체의 전성기는 그의 손자인 로렌초 데 메디치(Lorenzo de' Medici, 1449~1492)가 집권한 시대였다. 그는 피렌체의 문화적 황금기를 일구어 낸 장본인이라고 해서 '위대한 로렌초(로렌초 일 마니피코, Lorenzo il Magnifico)'로 불린다. 그는 문예 보호야말로 개인과 가문과 국가의 명예를 드높이는 데 더없이 효과적인 도구임을 간파한 현실 정치가이자, 그 자신이 시와 철학에 조예가 깊은 교양인이었다. 앞에서 인용된 바가 있는, 즐겁게 살라고 노래한 낙천적이고 쾌락적인 시가 바로 로렌초의 작품이다. 그에게는 사람의 재능을 알아보는 데 남다른 눈이 있었다. 어린 미켈란젤로의 재능을 대번에 알아본 사람도 바로 로렌초였다. 그는 재능 있는 작가들과 예술가들을 궁정에 초대하여 성찬을 베풀고 충분한

돈을 대주어 문예 활동을 적극 후원했다. 이탈리아 르네상스를 화려하게 장식한 화가 보티첼리, 조각가 도나텔로(Donato di Niccolò di Betto Bardi, 1386~1466), 건축가 필리포 브루넬레스키(Filippo Brunelleschi, 1377~1446), 시인 폴리치아노(Poliziano, 1454~1494) 등이 로렌초의 후원 아래에서 자신들의 재능을 마음껏 뽐낼 수 있었다.

우리 속담에 '개같이 벌어 정승같이 쓴다.'는 말이 있다. 이는 로렌초 데 메디치의 경우에 딱 들어맞는 말일 성 싶다. 르네상스 시대의 피렌체에서 '위대한 로렌초'가 지배한 시기는 고대 아테네의 페리클레스 시대, 고대 로마의 아우구스투스 황제 시대, 프랑스 루이 14세의 '위대한 세기'와 더불어 세계 역사상 드물게 보는 문화의 황금기요, 행복한 시절로 기억되고 있다.

메디치 가문의 문예 보호는 피렌체에 국한되지 않고 로마로까지 확대되었다. 로렌초의 둘째 아들로서 교황이 된 레오 10세(Leo X, 재위 1513~1521)는 율리우스 2세(Iulius II, 재위 1503~1513)와 더불어 화려한 로마 문화를 꽃피운 전형적인 르네상스 교황이다. 그러나 레오 10세의 시대에는 사치와 낭비가 극에 달했다. 성 베드로 성당을 짓는 데 필요한 비용을 충당하고자 성직 매매와 면벌부 판매가 마구잡이로 이루어졌다. 그 결과 북유럽에서 가톨릭교회를 비판하는 대대적인 종교 개혁 운동의 빌미를 주게 되었다. 르네상스가 종교 개혁을 낳은 것이다. 이처럼 메디치 가문의 사람들은 역설적이게도 르네상스의 산파 노릇을 하는 동시에 르네상스의 무덤을 파는 인부의 역할까지 맡았다.

메디치 살인 사건

1479년에 로렌초 데 메디치를 암살하려다 미수로 끝난 사건이 벌어졌다. 이 사건의 배후에는 메디치와 대립한 살비아티 대주교와 파치 가문이 있었다. 성당에서 미사를 드리던 로렌초와 그의 동생 줄리아노가 갑자기 괴한들의 습격을 받았다. 로렌초는 다행히 몸을 피할 수 있었으나, 줄리아노는 자객의 칼을 맞고 목숨을 잃었다. 암살자들은 나중에 체포되어 처형되었고, 그 참혹한 형태의 시신들이 시내에 전시되었다. 이와 같은 암살 사건은 당시 이탈리아에서 아주 흔했다. 당시 이탈리아와 유럽에 점차 엄정한 법률 체계와 합리적인 행정 제도가 수립되고 있었다고는 하나, 여전히 아무렇지도 않게 개인과 개인, 가문과 가문 사이에 사적인 복수가 횡행하고 잔인한 살인이 자행되었던 것이다. 그런 점에서 르네상스는 우리에게 익숙하면서도 낯선, 가깝고도 먼 시대인 것이다.

3

인문주의란
무엇인가?

- 왜 이탈리아에서 인문주의가 발전했는가?

- 인문주의 정신의 본질은 무엇인가?

- 인문주의는 인본주의인가?

- 사회 참여도 인문주의일까?

왜 이탈리아에서 인문주의가 발전했는가?

우리는 르네상스 하면, 당장 레오나르도 다빈치(Leonardo Da Vinci, 1452~1519)나 미켈란젤로 등 기라성 같은 거장들의 그림과 조각품을 머리에 떠올린다. 그런 걸작들은 우리에게 화려한 볼거리를 제공하면서 이탈리아 르네상스의 시각적 이미지를 지배한다. 그렇기는 해도 르네상스의 본질은 어디까지나 휴머니즘(humanism), 즉 인문주의에 있다는 점을 명심해야 한다. 르네상스로 대표되는 근대정신의 정수는 단연 인문주의에 있었다. 그래서 누군가 당신에게 르네상스의 본질이 무엇이냐고 묻는다면, 반드시 인문주의라고 대답해야 한다.

그렇다면 인문주의란 무엇인가? 다소 낯설게 느껴지는 이 말은 원래 라틴 어 '후마니타스(humanitas)'에서 유래했다. 고대 로마의 저술가인 키케로(Marcus Tullius Cicero, B.C. 106~B.C. 43)에 따르면, 후마니타스란 인간을 인간답게 만들어 주는 힘, 그러니까 인간성을 도야하고 세련되게 만드는 글이나 예술품이 지닌 힘을 뜻했다. 따라서 인문주의란 그런 후마니타스를 배우고 익히며 연마하려는 일체의 경향을 가리킨다고 할 수 있다. 그렇다면 후마니타스를 어떻게 훈련할 수 있을까? 그 해답은 문법, 수사, 논리 등 유럽 중세 대학의 자유 교양 과목들의 면면에 잘 나와 있다. 이 과목들은 다시 근대 대학의 '인문학(humanities)'으로 이어져 오늘에 이른다.

회화의 인문학 자격증을 허하라!

중세 대학의 자유 교양 과목은 총 일곱 개 교과목이었다. 문법, 수사, 논리, 산수, 기하, 천문, 음악이 바로 그것이었다. 대학생들은 반드시 이 과목들을 의무적으로 이수해야만 법학, 의학, 철학 등 전공 학위를 딸 수 있었다. 그런데 르네상스 시대에 다빈치는 회화도 이 일곱 개의 기본 과목에 포함되어야 한다고 주장했다. 그는 고대 그리스의 시인 시모니데스(B.C. 556?~B.C. 468?)의 "회화는 말 없는 시요, 시는 말하는 회화"라는 말을 인용하여 회화나 시나 모두 똑같은 장단점을 공유하므로 회화가 문학에 떨어질 하등의 이유도 없다고 보았다. 그러나 그의 주장은 받아들여지지 않았다. 여전히 회화는 고도의 정신 활동이라기보다는 다만 손재주에 의존하는 것으로 여겨졌기 때문이다.

그런데 왜 르네상스 시대에 새삼 고대의 후마니타스가 강조되었을까? 이 질문에 대답하려면 먼저 르네상스 이전의 상황을 이해해야 한다. 중세에는 교회의 권력이 막강했다. 교회는 자기의 가르침을 따르지 않은 사람들에게 벌을 주고 수입을 가진 모든 사람들에게 세금을 거두는 권한을 마음껏 휘둘렀다. 교황은 십자군 전쟁에서처럼 "하느님께서 그것을 원하신다."는 말 한마디로 자기가 원하는 일을 다른 사람들에게 강요할 수 있었다. 하느님께서 왜 그것을 원하시는지, 정말로 그것을 원하시는지를 되묻는 것은 지독히 불경스러운 일이었다. 이처럼 중세에는 교회의 가르침에 의심을 품는 일은 조금도 허용되지 않았다. 훌륭한 기독교도는 한 점의 의혹도 없이 교회의 가르침을 믿고 따르는 사람이었다. 성경 지식을 비롯한 모든 지식도 성직자들이 독점하여 일반인은 성직자를 거치지 않고서는 지식에 접근할 수 없었다.

이런 상황에서 점차 새로운 것을 알고 싶다는 욕망이 꿈틀대고 교회의 가르침과는 다른 생각들이 고개를 내밀기 시작했다. 교회의 은폐와 억압이 거꾸로 인간의 호기심과 자유에 대한 열망을 일깨웠던 것이다. 르네상스란 바로 지식에 대한 갈증, 알려는 욕망, 앎을 통한 자유로운 삶의 의지가 한꺼번에 집중되고 분출하며 폭발한 것을 가리킨다. 그리고 인문주의란 그런 갈증을 해소해 주고 그런 욕망을 채워 주며 그런 의지를 북돋워 주는 훌륭한 수단이었다. 그렇다면 르네상스 인문주의에는 교회의 획일적인 가르침에 대한 맹목적인 믿음에서 탈피하여 자신의 힘으로 합리적인 방법에 따라 진리를 구하려는 진취적인 태도가 깔려 있는 것이다.

숨긴 책 찾기

교회는 중세의 유일한 지식 통로였다. 일반인은 오직 교회를 통해서만 지식을 얻을 수 있었다. 따라서 일반인이 알아도 좋을 것과 알아서는 안 될 것을 교회가 결정했다. 오늘날로 따지면, 교회는 인터넷에서 유해한 정보를 미리 차단하는 프로그램이었던 셈이다. 교회는 고대 그리스의 플라톤과 아리스토텔레스가 지은 위대한 철학서들도 기독교 이전의 불경한 이교도 문화의 산물이라고 하여 꼭꼭 숨겨 두고 일반에 공개하지 않았다. 따라서 오늘날 유럽 문명의 기원으로 떠받들어지는 고대 그리스에 대한 연구는 중세 유럽이 아니라 이슬람에서 더 활발하게 연구되었다. 당시에 이슬람의 학문 수준이 유럽보다 훨씬 더 높았던 이유도 바로 여기에 있었다. 그런 상황에서는 오랫동안 망각된 고전 문헌들을 발굴하는 것 자체가 위대한 업적이었다. 그런 점에서 페트라르카는 그 주옥같은 시편을 남긴 것으로가 아니라 고대 로마의 문인 키케로의 저술을 발굴한 것으로 후대에 더 큰 업적을 남겼다고 할 수 있다. 키케로의 간결하고 명석하며 세련된 문장은 르네상스 인문주의자들에게 귀감이 되었다. 요컨대 페트라르카는 위대한 서정시인이기 전에 위대한 인문주의 학자로 기억되어야 한다.

종합해 보면, 르네상스 인문주의에는 구체적으로 다음 세 가지의 특징이 있었다. 첫째, 인문주의는 곧 고전 문헌 연구였다. 인문주의자들은 고전 문헌을 정확하게 읽고 진짜와 가짜, 사실과 허구를 엄밀하게 구별하는 것을 최고로 중시했다. 인문주의자란 곧 묻혀 있던 고전 문헌을 발굴하고 연구하며 거기에 주석을 다는 문헌학자를 뜻하며, 따라서 고전 문헌의 언어인 라틴 어와 그리스 어에 능통한 자를 가리킨다. 그런 인문주의자들이 르네상스의 중심에 있었기에 르네상스의 본질이 고전 연구를 통한 지식의 습득이라고 할 수 있는 것이다. 둘째, 인문주의는 무엇보다 인간을 가장 중요한 관찰과 연구와 사색의 소재로 삼았다. 인간의 궁극적 목적이 구원과 천국행에 있을지라도 무엇보다 이 지상의 일들에 도덕적인 관심을 두고 거기서부터 출발해야 한다는 확신이 인문주의자들에게 있었다. 셋째, 인문주의는 사회와 정치의 여러 쟁점들을 사고와 행동의 주요 소재로 삼았다. 그리하여 피렌체의 인문주의자이자 정치가인 콜루치오 살루타티(Coluccio Salutati, 1331~1406)가 제기한 유명한 질문, 즉 사색하는 삶이 우월한가, 활동적인 삶이 우월한가에 대해 많은 인문주의자들은 활동적인 삶이 우월하다는 데 동의를 표했다.

인문주의의 이 세 가지 특징은 현대를 사는 우리에게도 교훈을 준다. 즉 우리는 전문적인 지식을 습득해야 하고 참된 인간으로서의 삶을 추구해야 하며 정치적 권리와 의무를 자각하는 시민으로 활동해야 하는 것이다. 그러므로 인문주의자들은 인생을 사는 방법을 보여 주는 훌륭한 귀감이 될 수 있다. 아래에서는 르네상스 시대의 이탈리아에서 활약했던 세 명의 인문주의자들의 삶을 글감으로 삼아 인생의 세 가지 차원을 좀 더 구체적으로 알아보기로 한다.

인문주의 정신의 본질은 무엇인가?

로렌초 발라(Lorenzo Valla, 1407~1457)는 로마에서 태어나 어려서 피렌체로 옮겨가 왕성한 연구 활동을 했다. 파비아 대학에서 교편을 잡았다가 동료들의 미움을 받게 되어 밀라노로 이주했다. 그 후에 나폴리 궁정을 위해 봉직하다가 고향 로마로 되돌아가 일생을 마무리했다. 그는 전형적인 인문주의자로서 엄격한 문헌 비판을 통해 4세기에 로마 황제 콘스탄티누스가 로마 제국의 일부 지역을 로마 교황에게 바쳤음을 입증하는 문서인 「콘스탄티누스 황제의 기진장」이 실은 11세기경에 날조된 것이라는 사실을 밝혀냈다. 그럼으로써 발라는 인문주의의 실증적이고 객관적인 정신을 대표하는 본보기가 되었고, 그가 찾아낸 진실은 교회의 권위에 큰 타격을 입혔다.

그렇다면 발라는 기진장(寄進狀)이 가짜임을 어떻게 알아냈을까? 그는 누구나 당연하다고 믿은 것에 의문을 던지는 것으로부터 출발했다. 의심이야말로 모든 학문의 어머니인 것이다. 발라에게 신성한 것은 아무 것도 없었다. 발라의 정신은 200년쯤 후 프랑스의 철학자 르네 데카르트(René Descartes, 1596~1650)에 의해 계승되었다. 데카르트는 지금까지 진리로 여겨져 온 일체의 것들을 의심함으로써 반박할 수 없는 보편 타당한 진리를 얻고자 했는데, 그런 가운데 근대 철학의 방법론적 원칙을 확립했다.

발라는 일단 기진장의 진위 여부에 의문을 던진 뒤에 마치 법관이 물증을 통해 판결하듯이, 오직 문헌 증거를 통해 사실 관계를 파악하려고 했다. 그러기 위해서는 문헌을 정확히 해독할 수 있는 언어학적 지식, 즉 라틴 어 문법 실력을 갖추어야 했다. 그러나 기진장을 정확히 읽을 줄 안다고 해서 그것이 진짜인지 가짜인지를 분간할 수 있는 것은 아니다. 여기서 필요한 것이 바로 역사적 감각이요, 역사적 지식이다. 기진장이 4세기의 것이라면 응당 4세기의 라틴 어 문법에 맞게 씌어

졌어야 한다. 그렇지 않다면, 그것은 가짜이다. 그와 마찬가지로 기진장에 '콘스탄티노플'이라는 도시 이름이 나온다면, 기진장이 작성될 당시 그런 이름이 있어야 마땅하다. 그렇지 않다면, 기진장은 가짜이다. 바로 여기서 문헌학은 역사학과 만난다. 알베르티가 말했듯이, "진리의 여신 알레테이아는 시간의 신 크로노스의 딸"인 것이다. 요컨대 발라는 문헌학과 역사학을 접붙여 진리를 가리고 있는 우상과 편견의 장막을 걷어 냈다. 그리고 이를 통해 르네상스 인문주의는 학문 연구가 사실에 기초해야 하고 객관적이어야 한다는 근대적 원칙을 확립했다.

물론 발라의 학문적 의도가 순수하지 않았다는 비판도 있다. 그는 나폴리 왕 알폰소 1세(아라곤 왕 알폰소 5세)를 위해 일하고 있었는데, 알폰소는 당시 교황과 심하게 다투던 중이었다. 그래서 발라는 자신의 주군인 알폰소를 위해 기진장이 가짜임을 폭로해 교황의 권위에 상처를 입혔다는 것이다. 발라는 그 대가로 로마의 종교 재판소에 끌려가 죽을 뻔했다가 역시 알폰소의 도움으로 간신히 목숨을 건졌다. 그런 내막이 있어서인지 당시에 발라를 곱지 않은 시선으로 보는 이들이 많았다. 그러나 당시에는 거의 모든 인문주의자들이 궁정으로부터 후원을 받고 있었으므로, 발라가 나폴리 궁정으로부터 돈을 받았다는 것이 특별히 비난받을 일은 아니었다. 게다가 발라는 나폴리 궁정을 위해 문서를 위조한 것이 아니라 문서가 위조되었음을 폭로한 것이 아닌가! 그러므로 발라라면 이렇게 대꾸했을 것이다. '여기서 죄 없는 자만이 내 학문에 돌을 던져라.'

훗날 북유럽의 위대한 인문주의자인 로테르담의 에라스무스(Desiderius Erasmus, 1466?~1536)는 발라를 자신의 대스승으로 여기고 "위대한 인물들"이라면 응당 발라를 "철학자들과 신학자들의 반열에" 주저 없이 포함시킬 것이라고 말했다. 이 말은 당시에 발라를 단순히 문법학자로 깎아내리려는 경향을 겨냥한 것이었다. 에라스무스에 따르면 "문법은 극히 사소한 문제들과 관련되어 있지만 문법 없이는 그 누구도 위대해질 수 없으며, 문법은 작은 문제들을 제기하지만 이 작은 문제들이 극히 진지한 결과들을 갖는다." 요컨대 발라는 문법이라는 작은 영역의 작업을 통해 거대한 학문적 결과를 일구어 내 모든 위대한 지성의 스승이 되었다는 게 에라스무스의 평가였다.

인문주의는 인본주의인가?

조반니 피코 델라 미란돌라(Giovanni Pico della Mirandola, 1463~1494)는 유명한 저서 『인간의 위엄(*De hominis dignitate oratio*)』에서 다음과 같이 주장했다.

　"하느님께서는……인간에게 욕망하고 행동할 자유를 주었
다. 조물주는 최초의 인간인 아담에게 말했다. 나는 너를 세계
의 중심에 있게 하였으니, 이는 그대가 좀 더 쉽게 이 세계의
모든 사물을 관찰할 수 있게 함이로다……오직 그대 인간에게
만 스스로의 자유의사에 따라 성장하고 발전할 수 있는 가능
성이 주어졌으며, 너는 자신 속에 우주의 생명의 싹을 지니고
있다."

이 감동적인 구절에 르네상스 인문주의의 본질이 담겨 있
다. 미란돌라의 말처럼 인문주의에는 인간이 하느님의 피조
물임에도 불구하고 엄연히 생명의 존엄과 자유 의지를 갖춘
도덕적 주체라는 사상, 요컨대 인간이 만물의 척도라는 사상
이 강렬하게 표현되어 있다. 이제 인간은 단지 하느님의 섭리
에 따라야만 하는 수동적인 존재가 아니라 자기 머리로 생각
하고 스스로 결단하여 행동에 옮기는, 그리하여 우주를 자신
의 의지대로 재창조하는 능동적인 존재로 이해되었다. 한마
디로 인문주의는 인간주의이자 인본주의, 그러니까 '인간의
발견'인 것이다.

이런 사상은 필연적으로 그전까지는 한없이 구차하고 하찮게만 여겨진 인간적이고 세속적인 것들에 관심을 기울이고 애착을 갖는 태도로 이어졌다. 단테, 페트라르카, 보카치오 같은 인문주의자들은 모두 여성에 대한 개인의 연애 감정과 자연의 아름다움에 대한 예찬을 스스럼없이 표현하고자 노력했다. 특히 페트라르카가 단순히 경치를 구경하기 위해 산에 올랐다는 사실은 당시에 전례 없는 일로 인구에 회자되었다. 물론 일단 산의 정상에 오른 뒤에는 성 아우구스티누스의 말을 되새겼지만 말이다. 이 일화는 르네상스 인들이 종교적 탯줄을 완전히 끊지 못했음을 말해 주는 것이다. 그럼에도 당시에 뉴스가 된 페트라르카의 등산은 인문주의자들의 새로운 태도를 반영한다. 이처럼 인간적인 것과 자연적인 것에 경탄하는 가운데 점차 탄력적인 사고방식과 세속적인 행동 기준이 발전한 것은 당연한 일이라고 하겠다.

그 점을 잘 보여 주는 것이 바로 단테가 『신곡』에서 묘사한 뒤 오늘날까지도 오페라와 영화 등으로 끊임없이 재현되고 있는 잔니 스키키라는 흥미로운 인물이다. 갑부 부오조 도나티가 전 재산을 교회에 준다는 유서를 남기고 죽자, 땡전 한 푼 못 받게 된 친척들은 실망이 이만저만이 아니다. 이때 스키키는 꾀를 내어 다른 친척들과 작당하여 도나티의 시신을 숨기고 자신이 죽어 가는 도나티로 분장한다. 그리고 가짜 도나티(실제로는 스키키)는 자신의 재산을 모두 스키키에게 물려준다고 유언한다. 이로써 스키키는 도나티의 친척들을 멋지게 속여 넘긴 것이다. 그러나 사기를 당한 친척들은 애초에 스키키와 작당한 사실이 드러나면 손이 잘리고 추방되는 벌을 받게 되므로 사기꾼 스키키를 당국에 고발할 수도 없는 처지다. 오히려 친척들이 합법적으로 재산을 가로챈 스키키에 의해 쫓겨나게 된다. 비록 단테는 이 사기꾼을 지옥에 떨어뜨렸지만, 스키키는 미워할 수만은 없는 새로운 시대의 인물처럼 보인다. 영리하게 생각하고 현명하게 처신하라, 이것이 스키키의 모험이 주는 교훈인 것 같다.

연옥의 탄생

르네상스 시대에 이르러 탄력적인 사고방식과 인간적인 행동 기준이 등장했다는 사실은, 단테의 『신곡』에 천국과 지옥 이외에 연옥이라는 제3의 공간이 등장한다는 점에서도 새삼 확인된다. 물론 연옥은 단테가 만들어 낸 것은 아니고, 이미 11세기경부터 문헌 여기저기서 확인된다. 그런데 예전에는 천국과 지옥만으로 충분했는데, 왜 연옥이라는 제3의 장소가 굳이 필요해졌을까? 한마디로 단정하기는 어렵지만, 아마도 천국으로도, 지옥으로도 보내 버리기 힘든 애매모호한 사람들이 늘어났기 때문이 아닐까? 가령 부자들이 천국에 들어가기는 낙타가 바

> 늘구멍을 통과하는 것만큼이나 어려울지라도 점차 세태가 바뀌어 그 수가 늘어난 부자들을 모두 지옥에 떨어뜨리는 것은 부담스러운 일이 아닐 수 없었을 것이다. 그래서 천국도, 지옥도 아닌 연옥이 필요해졌을 것이다. 그렇다고 연옥이 지내기 편한 곳은 절대 아니다. 지옥보다는 좀 낫더라도 불로 죄를 씻어야 하는, 아주 견디기 힘든 곳이다.

그런가 하면 보카치오는 한술 더 떠 입에 올리기도 민망한 인간 본성에 잠재하는 음란함과 당시의 부패한 사회상을 진솔하게 묘사했다. 그는 자신의 소설 『데카메론(*Decameron*)』에서 여자와 관계를 맺지 않는 수도사는 없다거나 순결한 수녀도 없다는 식의 충격적인 주장을 펼치고 그와 관련된 외설스런 이야기들을 보란 듯이 떠들어 댄다. 또한 1492년에 출판된 같은 책의 한 판본에는 남녀가 벌거벗은 채 뒤엉켜 있는 모습이 적나라하게 묘사된 목판화까지 곁들여져 있었다. 『데카메론』은 곧 유명해졌고, 날개 돋친 듯 팔렸다. 그러나 동시에 이 책은 엄청난 비난을 받았는데, 급기야 교회에 의해 금서로 분류되기에 이르렀다. 하지만 보카치오는 그에 아랑곳하지 않고 이렇게 말했다고 한다.

"내가 수도사들에 대해 쓴 것은 모두 사실이다."

사회 참여도 인문주의일까?

보카치오는 짓궂기는 했지만 진지한 사람이었다. 그의 작품에서는 단순한 '재미'를 넘어 '의미'를 발견할 수 있는데, 바로 타락한 사회에 대한 통렬한 비판이 그것이다. 이 비판 의식은 쉽게 사회 참여 정신으로 발전할 수 있었다. 이를 잘 보여 주는 인물이 마키아벨리다. 그는 사회와 정치에 참여하려는 르네상스 지식인들의 욕망을 잘 보여 준다. 그가 빛나는 『군주론』을 집필한 것도 이 책을 메디치 가문의 실력자에게 헌정하여 능력을 인정받아 정치에 입문하기 위해서였다. 물론 마키아벨리의 욕망은 단지 개인의 입신출세만이 아니라 자기가 사는 나라인 이탈리아에 대한 관심과 애정으로부터 비롯된 것이었다. 그가 꿈꾸었던 것은 분열된 이탈리아의 통일이었다.

이탈리아의 통일을 위해 마키아벨리는 사자의 용맹함과 여우의 간교함을 두루 갖춘 새로운 군주의 등장을 열렬히 기대했다. 그가 염두에 둔 군주의 모델은 당시 교황 알렉산데르 6세의 아들인 냉혹한 야심가 체사레 보르자였다. 그는 정적들을 독약으로 하나씩 제거하면서 로마냐의 영토를 통합시켜 나갔다. 그의 정적들은 보르자가 선물을 보내올 때면 어딘가에 독을 묻혔는지 몰라 두려워했다고 한다. 즉 보르자가 책을 선물하면 책장에 독을 묻히는 식이어서 이 책을 선물 받은 이는 침을 묻혀 책장을 넘기다가 독살되고 마는 것이었다.

그런데 마키아벨리와 보르자가 겹쳐지면서 '마키아벨리주의'는 비열한 권모술수 정치의 대명사로 혹평을 받게 되었다. 즉 목적을 위해서라면 수단 방법을 가리지 않은 권모술수 정치 말이다. 그러나 마키아벨리는 '좋은' 목적을 위해 수단 방법을 가릴 필요가 없다고 생각했을 뿐이다. 이 점은 망각된 채 '마키아벨리주의자'라는 말이 상대방을 모욕하고 공격할 때 쓰이는 것이다. 만일 마키아벨리가 자기 이름이 욕설로 사용된다는 걸 알게 된다면 기분이 어떨까?

아들과 조카 사이

당시 교황들은 공식적으로 결혼할 수 없었으므로 슬하에 자식을 두었을 리도 만무했다. 그러나 실제로 교황들은 아내와 애인들을 두고 있었고, 따라서 아이들도 낳았다. 그러나 성직자의 몸으로 이 아이들을 친자식이라고 대외에 소개할 수는 없는 일! 이에 교황청 안팎에서 부득이하게 친자식을 그냥 조카로 소개하는 관행이 자리 잡았다. 이를 '네포티즘(Nepotism)'이라고 하는데, 당시 교회의 타락상을 잘 보여 주는 사례가 아닐 수 없다. 확실히, 알렉산데르 6세와 체자레 보르자의 관계야말로 그런 '네포티즘'을 보여 주는 전형적인 사례이다. '네포티즘'을 우리말로 번역하면, '혈족정치'쯤이 될 것이다.

공정하게 말해서, 마키아벨리는 권모술수의 대가라기보다
는 근대 정치학의 선구자다. 그에게 정치란 밀실에서 뇌물이
오가는 협잡이 아니라 '덕'으로써 '운'을 뛰어넘으려는 인간 활
동의 고차원적 영역이다. '덕'이란 '운'에 최소한으로 의존하
는 것으로서, 잘못된 현실을 바로잡고 올바른 현실을 창조하
는 인간의 역량을 가리킨다. 물론 마키아벨리에게는 '운'도 중
요했다. 만일 프리드리히 황제가 키드누스 강의 맑은 물을 보
고 몸을 씻으려는 욕망을 이기지 못한 게 화근이 되어 사망하
지 않았더라면 이탈리아의 운명은 달라졌을 것이라고 마키아
벨리는 설명한다. 말하자면, 대왕의 탁월한 '덕'도 냉정한 '운'
앞에서는 무용지물이었던 셈이다. 그럼에도 마키아벨리에게
여전히 '덕'이 인간의 운명을 이끌어 가는 나침반이었음은 분
명하다.

마키아벨리와 비슷한 시기를 살았던 또 한 명의 정치가이
자 저술가가 있다. 귀차르디니가 바로 그 사람이다. 마키아벨
리는 '덕'을 갖춘 시민들의 공화국을 꿈꾸었으며, 그런 이상을

고대 로마 공화정에서 발견했다. 그는 항상 고대 로마의 공화주의적 제도들과 유덕한 시민들을 찬양했으며, 이 로마 공화정의 경험에 의존하여 피렌체와 이탈리아의 현실을 평가하고자 했다. 그러나 귀차르디니는 전혀 다른 조건의 피렌체와 로마를 비교하는 것은 "경마장에 당나귀를 보내 놓고 준마처럼 달리기를 희망하는 것"과 같다고 비꼬았다. 또한 그는 마키아벨리가 고대 로마 공화정 시대 귀족과 평민 간의 신분 갈등이 오히려 트리부스 평민회의 창설 등 시민적 자유의 확대로 이어졌다는 점에서 좋은 일이라고 본 데 대해서도 "치료법이 좋았다는 이유로 환자의 질병을 칭찬하는" 격이라고 비판했다. 실상 귀차르디니는 현명하고 선량한 사람들이 공화국을 좋아하는 이유는 공화국이 더 낫기 때문이 아니라 덜 나쁘기 때문이라고 지적함으로써 마키아벨리의 공화주의에 대해 신중하고 유보적인 입장을 견지했다. 마키아벨리가 주어진 세력 관계를 바꾸어 내려는 역동적인 정치가였다면, 귀차르디니는 주어진 세력 관계를 바꾸기보다는 신중하게 이용하려는 현실적인 외교관의 모습을 보인다. 이처럼 양자는 여러모로 구별되지만, 그럼에도 활동적 지식인이라는 공통분모가 두드러진다.

물론 르네상스 시대의 인문주의자들 모두가 마키아벨리나 귀차르디니와 같은 활동적 지식인은 아니었다. 특히 르네상스가 저물어 가면서, 고대 그리스의 플라톤 철학이 유행하여 행동보다 사색을 중시하는 경향이 우세해졌다. 그러면서 많은 지식인들이 활동적 삶보다는 사색적 삶이 더 우월하다고 생각하고 골방에 들어가 철학을 연구하려고 했다. 그러나 이런 '골방의 철학' 때문에 르네상스 특유의 활달하고 현실적인 '광장의 철학'이 변두리로 밀려나 버린 것은 아니었다. 여전히 많은 르네상스 지식인들이 공적인 시민 생활에 참여하여 세상을 경영하려고 했고, 그들 중 일부는 직접 민중에게 '개혁'을 호소하는 대담성을 보여 주기까지 했다.

4

르네상스 예술은
무엇인가?

르네상스는 고대의 부활인가?

만일 이탈리아가 르네상스라는 신제품을 판매하는 기업이라면, 이 제품을 어떻게 광고했을까? 아마 광고 표제어는 '그리스와 로마, 그 위대한 고대가 우리 눈앞에 펼쳐진다.' 정도가 될 테고, 그 배경에는 그리스 조각품들과 도자기들, 로마의 콜로세움과 대수도관 등은 물론이요, 제우스를 위시한 올림포스 신들, 소크라테스, 페리클레스, 테미스토클레스, 알렉산드로스, 카이사르, 키케로, 아우구스투스 등 서양 고대사를 장식한 면면들이 현란하게 교차되지 않을까 한다.

확실히 르네상스를 관통한 기본 정신은 고대의 부활이다. 실제로 르네상스 시대 이탈리아 인들은 테미스토클레스, 카이사르, 키케로 등과 같은 위대한 고대인들의 말을 자주 인용했고, 페리클레스 시대의 전성기 아테네에 살고 있다는 착각에 빠져 행동했다. 그리고 르네상스 이탈리아에서 자주 등장한 폭군 암살자들은 자기들이 마치 고대 로마 공화정기에 독재자 카이사르를 살해한 공화주의자 브루투스인 양 우쭐대기 일쑤였다. 그런 가운데 피렌체 시민들은 아테네 시민들처럼 위대한 조각품들과 건축물들을 통해 자신들의 부와 권력을 과시하려고 했다. 그리하여 로렌초 기베르티는 피렌체 세례당의 동편 현관문을 화려하게 장식했고, 기베르티 때문에 아깝게 세례당을 조각할 기회를 놓친 필리포 브루넬레스키는 건축으로 관심을 돌려 산타 마리아 델 피오레(꽃의 성모) 대성당의 거대한 돔 지붕을 건립했다.

이처럼 고대를 모방하려는 근대인들의 힘겨운 노력은 보답을 받았다. 피렌체는 제2의 아테네가 되었다. 연극 용어를 빌려 말하자면, 당시 피렌체는 완벽하게 고대 아테네로 연출된 '미장센', 그러니까 일종의 무대 장치였던 셈이다. 이로써 고대와 근대를 나누고 있는 1000년 동안의 중세가 망각의 감옥 속에 갇혔다. 고대의 도시가 근대에 다시 번성했고, 고대의 문화가 근대에 다시 개화했다. 그리하여 당대인들의 눈에 근대는 고대와 쌍둥이처럼 보였다.

돌고 도는 역사

르네상스 인들의 역사관은 현대인들과 크게 달랐다. 현대인들은 역사가 반복된다고 믿지 않는다. 역사는 과거, 현재, 미래를 거치면서 일직선으로 진보한다고 생각한다. 그래서 현대인들은 역사가 교훈을 주기는 하지만 과거의 교훈이 현재에 직접 적용될 수 있으리라고는 생각하지 않는다. 그러나 르네상스 인들은 역사가 반복되고 순환한다고 생각했다. 따라서 역사를 배우는 이유도 분명했다. 역사를 잘 배워 두면, 나중에 똑같은 상황에 처했을 때 잘 대처할 수 있었다. 그래서 마키아벨리와 같은 르네상스 인들에게 역사는 곧 생생한 경험이자 눈앞의 정치였다. 바로 이런 순환론적인 역사관이 르네상스를 고대의 부활로 만들었다. 즉 르네상스 인들은 자기의 새로움, 자기가 추구한 변화를 자기가 알지 못하는 미래와는 도저히 연결시킬 수 없었다. 미래는 그들의 상상 밖에 있었다. 결국 그들이 자기 시대의 변화와 새로움을 설명하고 정당화하는 유일한 방법은 가까운 과거인 중세를 배척하고 그보다 먼 과거인 고대를 찬양하는 것이었다.

그러나 고대와 근대 사이에 흐르는 강을 단 한 번에 뛰어서 건너기에 강은 너무나 깊고도 넓다. 고대와 근대는 근본이 다르다. 가령 고대든, 르네상스든 모두 도시 문명에 기초한 것으로 보이지만, 실상 그 도시들의 성격은 정반대다. 고대 도시는 농촌에서 생산한 것을 단지 사용하는 소비의 중심지였던 데 비해서 근대 도시는 그 자체가 생산의 중심지였다. 게

다가 고대에서는 노예가 생산의 중추를 담당함으로써 육체노동과 정신노동이 분리되었다. 그러므로 고대 도시에서 힘든 육체노동을 피할 수 있었던 시민들은 넉넉한 여가 시간을 활용하여 정신 활동에 전념할 수 있었고, 이로부터 음악이나 철학과 같은 추상 예술이 주로 발전하게 되었다. 그 반면에 생산과 노동의 중심지였던 르네상스 도시들에서는 생활 공예품을 제작하는 수공업 장인의 전통 위에서 회화, 조각, 건축 등의 시각 예술과 조형 예술이 크게 발전했다.

물론 이렇게 말한다고 해서 고대 세계에서는 회화가 형편없었다거나, 르네상스 시대의 음악이 별 볼일 없었다는 것은 결코 아니다. 그러나 우리는 르네상스 하면, 으레 오페라나 시, 소설보다는 그림과 조각과 건축을 떠올린다. 왜냐하면 그것이 르네상스 예술의 간판이었기 때문이다. 아래에서는 피렌체 회화의 발전을 중심으로 이탈리아 르네상스 예술의 변천사를 간략하게 살펴보려고 한다. 이를 통해 우리는 다시 한 번 르네상스 시대 이탈리아 도시들의 새로운 생활 감정과 그 속에서 발전한 인문주의 정신을 흠뻑 느끼게 될 것이다.

르네상스 예술의 본질은 무엇인가?

르네상스 시대에 처음으로 사물을 있는 그대로 그려야 한다는 의식이 화폭에 반영되었다. 21세기에 자연을 베낀다는 생각은 하품이 나올 정도로 식상하게 여겨지지만, 그런 발상은 14세기에는 새로운 것이었다. 물론 그 이전에도 사물을 성실하게 베낀 작품들이 없었던 것은 아니지만, 그림이 마땅히 자연 세계의 거울과 같은 역할을 해야 한다는 의식은 뚜렷하지 않았다. 르네상스 시대에 들어와서야 그런 의식이 화가들 사이에 확고하게 자리를 잡게 되었다. 가령 르네상스 회화의 새로운 경지를 개척한 치마부에(Cimabue, 1240?~1302?)의 그림에서 묘사된 옷의 주름을 보고 있노라면, 마치 실제의 옷을 보고 있는 듯하다. 또한 예전이라면 무시되었을 세밀한 부분도 정성껏 묘사했고, 예전이라면 무표정했을 사람의 얼굴도 힘차고 풍부하게 되살려 냈다.

사물을 있는 그대로 그려야 한다는 자연주의적이고 사실주의적인 의식은 자본주의의 발달과 밀접한 관계를 맺고 있다. 자본주의 경제가 발달하기 위해서는 여러 요건들이 충족되어야 한다. 첫째, 지속적으로 투자가 이루어져야 한다. 그래서 앞날을 대강이라도 예측할 수 있어야 한다. 따라서 지속적인 투자를 위해 현실에서 법칙을 발견하고 공통의 규칙을 세우는 합리성이 필요하다. 둘째, 대규모의 원거리 교역에서는 현금뿐 아니라 수표나 어음 등의 결제 수단이 사용된다. 따라서 원활한 신용 거래를 위해 대금이 반드시 지불되리라는 상호 간의 믿음이 중요한데, 이로부터 정직성이 미덕으로 떠오른다. 셋째, 사업의 규모가 커지면서 생산, 유통, 소비의 여러 단계들을 체계적으로 조직하고 수치들을 계량화할 필요가 생기는데, 이로부터 정확성을 중시하는 태도가 발전했다. 나아가 한 명의 상인이 모험적으로, 혹은 약탈적으로 이윤을 얻어내는 시대는 지나갔다. 상품 가치는 상인 개인의 선의나 악의에 따라 달라지는 것이 아니었다. 상품에 가치가 내재한다는 생각은 정확성과 더불어 객관성이 발전하는 데 기여했다. 이처럼 합리성, 정직성, 정확성, 객관성이 중시되는 사회적 분위기가 예술에서 자연주의적이고 사실주의적인 기풍이 발전하는 데 중요한 배경이 되었다.

또한 정확한 지식을 추구한 인문주의가 발전하면서 자연주의와 사실주의의 열정이 폭발했다. 인문주의에 영향을 받은 화가들은 그림을 그리기 전에 먼저 대상에 대한 정확한 지식을 얻고자 노력했다. 예를 들어, 제노바 영주의 부탁으로 성 요한과 성 루이와 성모의 그림을 그리게 된 한 화가는 그리기 전에 정확한 인물 파악을 위해 성경은 물론이요, 그들에 대한 전설이 기록된 책들을 모조리 읽었다고 한다. 또한 화가들은 정확한 묘사를 위해 모델 없이는 도통 그림을 그리려 들지 않았다. 가령 다빈치는 걸작 「최후의 만찬(*Il Cenacolo*)」을 그리면서 예수를 비롯한 열두 제자의 모델을 찾아서 저잣거리를 헤맸다고 한다. 예술가들의 탐구열은 그리스와 로마 시대로까지 뻗쳐 고대의 기법과 양식에 대한 철저한 연구로 이어졌다. 브루넬레스키는 둥근 지붕을 가진 고대 로마의 건축물 판테온(만신전)을 면밀하게 연구함으로써 마치 풍선이 사뿐히 지붕 위에 얹혀 있는 듯한 느낌을 주는 피렌체 성당의 거대한 돔을 완성할 수 있었다.

르네상스 이탈리아에서 자연주의와 사실주의의 새로운 경향을 대표하는 화가가 바로 조토 디 본도네(Giotto di Bondone, 1267~1337)다. 그는 양치기 출신으로 치마부에의 눈에 띄어 르네상스를 대표하는 화가로 성장했다. 그의 그림을 보면 자본주의의 미덕을 떠올리게 하는 명료함과 단순함과 정확성과 합리성을 고스란히 느낄 수 있다. 인물의 표정과 몸짓은 정확하고 생동감 있으며 매우 자연스럽게 묘사되었다. 그렇게 그리기 위해서 조토는 인문주의의 전통을 계승하여 사물에 대한 정확한 지식을 얻고자 노력했다. 그의 섬세한 옷 주름 묘사나 각진 얼굴 표현 등은 그가 고대 그리스의 조각상들을 철저하게 연구했음을 증명한다. 물론 조토가 그린 인물들의 손발 모양이 유치하며 그 동작이 관절염 환자들처럼 딱딱하고 뻑뻑해 보이는 것은 사실이다. 아마 오늘날 누군가가 그렇게 그린다면 그림의 ABC도 모르는 풋내기로 놀림감이 될지도 모른다. 그럼에도 14세기 사람 조토는 중세의 출구와 근대의 입구에서 사물을 있는 그대로 성실하게, 최대한 진실에 가깝게 그리려고 노력한 최초의 화가라는 평가를 받기에 모자람이 없다.

스승을 능가한 제자

조토가 자연주의와 사실주의의 선구자가 될 수 있었던 데는 그가 양치기여서 자연에 친숙했던 것이 크게 작용하지 않았을까? 물론 현대의 눈으로 보면, 조토의 그림이 꼭 사실적인 것은 아니다. 그러나 현재의 잣대를 함부로 과거에 들이대서는 안 될 것이다. 그 시대에 조토의 그림을 본 관객들은 조토가 어쩌면 그렇게도 사실에 가깝게 그림을 그릴 수 있는지 탄성을 질렀다. 조토는 실제 인물과 비슷하게 얼굴을 그린 최초의 화가이기도 하다. 그는 초상화의 선구자로서, 친구인 단테의 얼굴을 화폭에 남겼다. 물론 다른 이들도 단테의 초상화를 남겼지만, 무엇보다 조토 덕분에 우리는 단테가 어떻게 생겼는지 알 수 있게 되었다. 그래서인지 단테는 다음과 같은 시 구절로 조토에게 보답했다.
"치마부에, 그는 회화의 왕홀을 쥐었다고 생각했건만/이제 조토가 모든 명예를 독차지하며/그 스승을 망각의 늪에 몰아넣는구나."

이런 단테의 평가가 지나친 것은 아니었다. 그 후 다빈치 역시 "스승을 능가하지 못하는 제자는 불쌍하다."면서 단테의 위와 같은 평가에 동의를 표했다.

아름다움은 어떻게 탄생하는가?

르네상스 시대에는 우리가 '아름답다'고 느끼는 걸작들이 즐비하게 출현했다. 그런데 우리가 어떤 예술 작품을 보고 아름다움을 느끼는 비결이 무엇인지는 분명치 않다. 우리는 조토가 위대한 화가라고 생각하지만, 그의 그림들을 보고 대번에 아름답다고 느끼지는 않는다. 거장 조토에게 실례를 무릅쓰고 말한다면, 어딘지 어색하고 유치한 부분이 눈에 띄기 때문이다. 그러나 우리는 보티첼리의 그림들을 보고는 두 번 생각할 틈도 없이 아름답다고 느낀다.

이런 차이는 어디에서 나오는 것일까? 아마도 보티첼리의 그림들이 보여 주는 완벽한 통일성과 비례의 원칙, 전체와 부분의 조화 때문일 것이다. 이와 같은 논리와 조화의 아름다움은 르네상스 후기, 즉 15세기 이후에 두드러진다. 아마 자본주의 경제가 한층 발전하고 사회가 안정을 이루면서 화가들과 고객들이 완벽하고 반듯하며 품위 있는 그림 형식을 추구하고 선호하면서 그리 된 듯하다. 그리하여 르네상스 후기 이탈리아 회화에 한 획은 그은 거장 라파엘로(Sanzio Raffaello, 1483~1520)의 그림에 이르면, 우리는 조화와 우아함의 극치를 느끼게 된다.

그러나 이 시기의 그림들이 모두 품위 있고 우아한 것은 아니었다. 보티첼리의 걸작 「비너스의 탄생(Nascita di Venere)」만 해도 그렇다. 그리스 신화에 나오는 미의 여신 비너스가 실오라기 하나 걸치지 않은 채 등장하는 탓에 이 그림은 외설 논쟁에 휩싸였다. 보티첼리가 엄청난 비난에 시달렸음은 물론이다. 이때 마음고생이 너무 심했던 나머지 보티첼리는 두 번다시 여성의 나체를 그리지 않았다고 한다.

그러나 중요한 것은, 우리가 보티첼리의 그림을 보고 아름답다고 느낀다는 사실이다. 더 중요한 것은, 보티첼리로 하여금 당시에 금기시된 누드화를 그리도록 이끌었던 자유로운 파격의 정신이 우리를 감탄하게 만든다는 사실이다. 요컨대 「비너스의 탄생」은 인간 육체를 숨겨야만 하는 수치와 죄악의 원천으로 보는 기독교적 금기에서 탈피하여 육체의 아름다움을 대담하게 표현함으로써 르네상스의 자유로운 인문주의 정신, 즉 현실적이고 세속적이며 인간적인 정신 그 자체를 상징하는 걸작이다.

아름다움을 추구하면서 자연주의와 사실주의의 족쇄에서 풀려난 새로운 태도가 나타났다. 가령 다빈치가 사실성에 강박적으로 집착했다면, 미켈란젤로는 그런 집착에서 상당히 자유로웠다. 미켈란젤로는 예술이 자연을 모방하는 것에서 한 발 더 나아가 예술가의 정신을 표현해야 된다고 생각했다. 실제로 미켈란젤로의 그림을 보면, 그가 '있는 그대로' 사실을 묘사했다기보다는 그가 '보는 대로' 사실을 표현했음을 알 수 있다. 그는 성모를 상식에 어긋나게 훨씬 젊고 아름다운 여인으로 조각했고, 인간의 근육을 실제보다 더 우람하게 그렸다.

미켈란젤로의 작품은 자연적이고 사실적이지 않지만, 우리는 그의 작품을 보며 아름다움의 극치를 느낀다. 르네상스 예술은 자연주의와 사실주의라는 새로운 원리를 확립했지만, 동시에 그 한계를 뛰어넘는 예술에 대한 새로운 태도, 말하자면 표현주의라고도 볼 수 있는 새로운 경향도 함께 발전시켰다. 그런 점에서 르네상스 예술을 하나의 표현으로 가둘 수는 없다. 르네상스는 넘쳐흐르는 잔과 같았으니 말이다. 이것이 르네상스 예술이 위대한 이유다.

왜 다빈치는 위대한가?

치마부에로부터 시작된 위대한 피렌체 회화의 전통은 조토, 마사치오, 기를란다요(Domenico Ghirlandajo, 1449~1494)를 거쳐 마침내 다빈치에 이르러 종합되었다. 다빈치의 종합은 너무나 완벽해서 그는 이탈리아 르네상스라는 산맥의 최고봉으로 우뚝 솟았다. 우리에게는 뿌연 음영 처리(스푸마토

기법)를 통해 신비한 여인의 미소를 창조한 「모나리자(*Mona Lisa*)」(「라 조콘다(*La Gioconda*)」)가 가장 유명하지만, 그의 최고 걸작을 꼽으라면, 아무래도 밀라노의 산타 마리아 델레 그라치에(은총의 성모) 성당 벽화인 「최후의 만찬」일 것이다. 이 위대한 그림은 진실로 르네상스 회화 최고 최후의 성대한 만찬이다.

모나리자의 수난

다빈치의 걸작 「모나리자」는 지금 프랑스 루브르 박물관에 소장되어 있다. 박물관에서 이 걸작을 찾으려면 「모나리자」가 아니라 「라 조콘다」로 물어보는 편이 낫다. 그게 원래 이름이기 때문이다. 그림 모델이 피렌체의 상인 프란체스코 델 '조콘도'의 아내 리자라고 해서 그런 이름이 붙여졌다. 이 그림은 1911년에 도난당하는 수난을 겪었다. 한 이탈리아 인이 이탈리아 작품이 프랑스에 있는 것에 분개하여 훔친 것이다. 물론 도둑질의 동기가 애국심에 있었다는 것은 순전히 범인 자신의 주장이다. 그런데 모나리자를 이탈리아에 도로 가져오는 것은 다빈치 자신의 뜻에 어긋나는 일이었다. 왜냐하면 다빈치는 자신이 아낀 이 작품을 자신이 힘들 때 돌봐 준 프랑스 국왕 프랑수아 1세에게 선사한다고 유언했기 때문이다. 오늘날의 민족주의라는 가늠자로 보면 애통할 일이겠으나, 다빈치에게 조국은 없었던 것이다. 그래서 프랑스 작가 스탕달의 다음과 같은 말을 귀담아 들을 필요가 있다.

"예술 작품은 회화의 역사를 애국심과 연결시키려는 오늘날 이탈리아 작가들의 이념과는 사뭇 다른 것이다."

어쨌든 '애국적인' 도둑은 호텔 경비에 의해 발각되고 '약탈당한' 걸작은 루브르에 반환되었다. 세계적인 박물관의 경비 체제가 싸구려 호텔의 그것보다 못했던 것이다!

「최후의 만찬」은 십자가에 못 박히기 전에 예수가 열두 제자와의 만찬석상에서 "내가 진실로 말하노니 너희 중 하나가 나를 배신할 것이다."라고 말하는 순간을 그린 것이다. 이 말이 예수의 입에서 떨어진 순간 동요하는 열두 제자들의 극적인 모습이 이 그림에 담겨 있다. 그림의 극적인 성격은 복잡한 배경과 소품을 생략한 화가의 대담한 결정과 원근법이라는 새로운 기법에 의해 더욱 도드라지고 있다. 열두 제자들의 표정과 몸짓은 실로 다양하여 충격, 불안, 동요, 흥분, 의심, 시기, 안도, 순수 등 인간사에 나올 법한 온갖 감정들을 탁월하게 표현하고 있다.

다빈치는 이 그림을 그리기 위해 예수, 베드로, 야고보, 그리고 예수를 배신한 유다 등 등장인물들의 모델이 될 만한 실제 인물을 쥐 잡듯 뒤지고 다녔다. 그만큼 다빈치는 표현의 완벽함을 추구한 예술가였다. 그가 인체의 정밀한 묘사를 위해 당시에는 금지된 인체 해부를 30여 차례나 몰래 수행했다는 사실은 유명하다. 그런 점에서 다빈치야말로 정확한 지식을 추구한 인문주의 정신의 산증인이라고 할 수 있다. 그런데 다빈치는 다른 인물 모델들은 쉽게 찾을 수 있었지만, 정작 가장 중요한 예수와 유다의 얼굴은 찾지 못했다. 그렇게 모델을 찾아 허송세월하는 다빈치를 보고 수도원장이 빨리 그림을 완성하라고 다그치자, 마음이 상한 다빈치는 이 고약한 수도원장의 얼굴을 사악한 유다의 모델로 삼을 궁리까지 했다고 한다.

다빈치는 회화뿐만 아니라 과학 기술 분야에서도 천재성을 유감없이 발휘했다. 그는 정말이지 모든 분야에 능통한 최후의 '만능인'이었다. 무수한 전공들로 세분화된 현대 세계에서 그런 '만능인'은 절대 나올 수 없을 것이다. 다빈치는 과학 기술이 눈부시게 발달한 오늘날에도 입이 벌어질 정도의 정교한 인체 해부도를 비롯하여, 잠수함, 비행기, 낙하산 등을 몸소 설계하고 제작했다. 또한 태양이 지구 주위를 돈다는 당대의 상식에 대항하여 "태양은 움직이지 않는다."는 천문학 원리를 노트에 적어 놓기까지 했다. 그의 지동설이 교회에 알려졌더라면, 그도 목숨을 부지하기 어렵지 않았을까? 다행히도 그의 글씨는 아주 깨알 같아서 알아보기 힘들었다.

그런데 다빈치는 자신의 발명품들을 함부로 공개하지 않았다. 가령 잠수함 설계도가 악당들 수중에 들어가면 배 밑을

뚫어 인명을 살상하는 나쁜 목적에 이용될까 두려워했기 때문이다. 20세기에 독일 유보트가 무차별 살상에 이용된 것을 보면, 그의 염려는 근거 없는 것이 아니었다. 다빈치는 과학자의 임무가 단지 과학적 발견과 발명에 그치지 않는다고 보았다. 과학자는 자신의 연구가 몰고 올 사회적인 결과까지도 예측하고 그에 대해 책임져야 한다고 생각한 것이다. 이 점에서 다빈치는 자신이 살고 있는 사회에 대한 관심을 잃지 않은 인문주의 지식인의 귀감이 될 만하다.

왜 미켈란젤로는 위대한가?

예술 분야에서 다빈치와 쌍벽을 이루는 또 한 명의 천재를 꼽으라면, 단연 미켈란젤로일 것이다. 다빈치의 전공 분야가 회화였다면, 미켈란젤로의 전공 분야는 조각이었다. 그가 조각을 하면서 돌 속에 사람이 갇혀 있으니 빨리 꺼내야 한다고 말했다는 일화는 유명하다. 이 일화가 암시하듯이, 차가운 대리석에 닿는 미켈란젤로의 손길은 그야말로 생명의 숨결과도 같았다. 그는 피렌체의 수호 상징이나 다름없는 「다비드(*Il David*)」를 통해 인간 육체의 아름다움을, 또 「피에타(*Pièta*)」를 통해서는 북받쳐 오르는 인간 감정의 섬세함을 현기증이 날 정도로 기막히게 표현했다. 근육 하나, 실핏줄 하나가 그토록 정교하게 묘사된 조각품은 그전까지 없었다.

동명이화

죽은 예수 그리스도의 시신을 부둥켜안은 채 슬픔과 비탄에 빠진 성모의 모습을 형상화한 「피에타」는 미켈란젤로의 것만 있는 것이 아니다. 가령 죽은 육체를 통해 추상적인 '죽음' 혹은 '죽음의 과정' 자체를 탁월하게 형상화하고 있는 거장 티치아노의 「피에타」를 보라. 또한 미켈란젤로의 「최후의 심판」 말고도 틴토레토의 「최후의 심판」도 있고, 미켈란젤로의 「다비드」만큼 유명한 도나텔로의 「다비드」가 있다. 그런가 하면 다빈치의 「최후의 만찬」 외에 화려한 배경과 소품으로 장식된 기를란다요의 「최후의 만찬」도 있다. 천사가 성모 마리아의 잉태 소식을 알리는 순간인 「수태 고지」도 화가들의 단골 소재였다. 이처럼 르네상스 시대에는 이름은 같지만 다른 그림들, 즉 동명이화(同名異畵)들이 많이 있으므로 주의해야 한다.

미켈란젤로는 조각을 사랑했다. 그러나 주변에서 그를 조각에만 전념하게 놔두지 않았다. 그는 어쩔 수 없이 돌을 깎는 대신 회반죽 위에 그려야 했다. 이는 미켈란젤로에게는 불행이었겠지만, 우리에게는 행운이다. 그 덕분에 우리는 오늘날 그의 위대한 그림들을 감상할 수 있기 때문이다. 미켈란젤로는 교황의 강력한 요구로 로마 시스티나 성당의 천정화를 그려야 했다. 그는 무려 20개월에 걸쳐 허공에 누워 온몸에 물감을 뒤집어 쓴 채 육체적 고통과 싸우면서 불멸의 걸작 「천지창조」를 완성했다. 그 후 다시 미켈란젤로는 같은 성당에 남아 있는 벽면에 또 하나의 걸작 「최후의 심판」을 8년에 걸쳐 완성하는 초인적인 능력을 보여 주었다.

또한 미켈란젤로는 완벽함을 추구했다. 그는 조각품을 거의 완성한 뒤라도 조금이라도 마음에 들지 않는 부분이 눈에 띄면 주저 없이 깨뜨려 버렸다고 한다. 이것이 그의 작품 수가 적은 까닭이다. 그는 작업에 들어가기 전에 무엇인가를 알아야 한다고 생각하면 어떤 악조건에서라도 즉시 알아야만 했다. 여기 감동적인 일화가 있다. 큰 눈이 내리는 날 눈밭을 헤치고 걸어가는 미켈란젤로를 본 어느 추기경이 어디를 가냐고 물었을 때, 그는 이렇게 대답했다.

"배울 것이 있어 학교에 갑니다."

이 일화는 르네상스 지식인들에게 공통된 배움에의 열정, 그것을 미켈란젤로 역시 공유했음을 잘 보여 준다. 그 역시 인문주의 시대의 자식인 것이다.

물론 위의 일화를 미켈란젤로의 조급한 성격 탓으로 돌리는 사람도 있다. 미켈란젤로는 신중한 다빈치와는 달리 불같은 성격의 소유자였다. 느긋한 성격의 다빈치는 하나의 작품을 완성하기 위해 시간을 물 쓰듯 썼다. 그래서 그에게 작품을 맡긴 한 교황은 다빈치를 이렇게 평가했다고 한다.

"레오나르도라고? 아, 도무지 자기 일을 끝내지 않는 작자 말인가?"

그 반면에 열정에 넘친 미켈란젤로는 하나에 집중하고 몰두하여 짧은 시간에 작품을 완성했다.

이렇게 성격이 정반대였던 만큼 두 사람의 사이도 좋지 않았다. 하루는 다빈치가 산보를 하는데 어떤 사람이 그에게 단테의 시에 대해 논평해 달라고 부탁했다. 그러자 다빈치는 마침 근처를 지나가던 미켈란젤로에게 물어보라고 했다. 이 말을 들은 미켈란젤로는 다빈치가 자기를 업신여기고 있다고 오해하여 그를 두고 기마 동상을 만들겠다고 하고는 작업을 포기한 한심한 예술가로 쏘아붙였다. 하늘에 두 개의 태양이 있을 수 없듯이, 르네상스 이탈리아에서도 두 명의 천재는 어울릴 수 없었던 것 같다.

기술은 어떻게 예술이 되는가?

르네상스는 현대 예술의 어머니다. 물론 예술은 르네상스 이전에도 있었다고 생각하기 쉽지만, 엄격하게 말해서 그것은 사실이 아니다. 선사 시대에도, 그리스와 로마 시대에도, 중세에도 그림들이나 조각품들이나 건축물들은 있었다. 그러나 그것들은 예술이 아니었다. 적어도 오늘날 우리가 생각하는 예술은 아니었다는 말이다. 그렇기에 예술가로서는 가장 많은 글을 남긴 다빈치의 노트 어디에도 '예술가'라는 용어는 보이지 않는 것이다. 그러나 르네상스가 발달하면서 점차 '예술'과 '예술가'의 개념이 형체를 갖추어 갔다. 그런 점에서 르네상스는 현대 예술의 직접적인 기원이 되며, 따라서 르네상스를 논하지 않고 예술을 논할 수는 없다.

그렇다면 원래 예술이란 무엇이었는가? 그것은 손재주, 즉 어떤 물건을 잘 만들어 내는 기술(기예)을 뜻했다. 따라서 그것은 정신노동이 아니라 육체노동에, 개인 작업이 아니라 집단 작업에 가까웠다. 그래서 당시 유명한 화가들이나 조각가들은 개인 작업장을 차려 놓고 여러 조수들과 제자들을 거기에 모아 주문을 받으면 그들에게 일을 나누어 맡기곤 했다. 스승은 대강의 구상과 밑그림만 제공할 뿐 실제 일하는 이들은 조수들과 제자들이었다. 안드레아 델 베로키오(Andrea del Verrocchio, 1435~1488)의 유명한 그림 「그리스도의 세례(*Il Battesimo di Cristo*)」도 그와 같은 분업의 결과다. 이 그림에서 왼편 아래에 있는 아기 천사가 바로 한때 베로키오의 제자였던 다빈치의 솜씨로 그려졌다. 베로키오는 제자의 놀라운 솜씨를 본 뒤 붓을 꺾고 회화에서 조각으로 관심을 옮겼다고 한다. 확실히 이런 상황은 오늘날 우리가 생각하는 '예술'의 개념과는 한참 거리가 멀다. 왜냐하면 오늘날 우리는 '예술'이라고 하면 어김없이 개인의 고독한 정신 활동을 떠올리기 때문이다.

그런데 르네상스 예술이 발전하면서 점차 예술의 의미가 기술(기예)에서 오늘날의 예술로 바뀌기 시작했다. 예술 활동이 육체노동이 아니라 정신노동으로, 그리고 집단 작업이 아니라 개인 작업으로 여겨졌다. 미켈란젤로는 그림은 '손으로' 그리는 것이 아니라 '머리로' 그린다고 역설했다. 예술이 단순한 손재주가 아니라 고도의 정신 활동의 산물이라는 점을 이보다 더 명쾌하게 표현한 말은 없다. 이제 깎고 그리고 짓는 이들은 노동자가 아니라 예술가였다. 비록 '예술가'라는 용어가 사용되지는 않았어도 '예술가'에 대한 관념은 형성된 것이었다.

예술가들의 자부심도 커졌다. 미켈란젤로가 남긴 흥미로운 일화가 있다. 그의 「피에타」는 당시에도 유명해서, 그것을 보려고 사람들이 먼 길을 마다하지 않았다. 미켈란젤로는 자기 작품에 감동하는 관광객들을 보며 흐뭇해했다. 하루는 한 관광객 무리가 빙 둘러 「피에타」를 감상하는데, 누군가가 물었다.

"이 근사한 작품은 누구의 작품인가?"

곧 관광 안내원쯤 돼 보이는 이가 '곱보'라는 사람의 작품이라고 엉터리로 대답했다. 그러자 뒤에서 이를 듣고 있던 미켈란젤로는 크게 기분이 상했다. 그래서 당장 그날 밤에 「피에타」의 성모 어깨띠에 자기 이름 '미켈란젤로'를 새겨 넣었다고 한다. 이 일화는 예술 작품과 개인의 명성이 하나로 여겨지고 있었음을 잘 보여 준다. 이제 작품은 개인의 순수한 창조 행위, 즉 '예술'의 산물로 여겨졌다. 이런 의미 변화는 현대의 예술을 위한 예술, 즉 순수 예술의 탄생을 예고했다.

이런 분위기에서 예술가들의 보수가 좋아진 것은 당연했다. 다빈치나 미켈란젤로 모두 씀씀이가 헤퍼 항상 쪼들리기는 했지만 상당한 보수를 받았다. 그래서 교황청은 미켈란젤로가 율리우스 2세의 묘비 제작을 맡아 선금으로 1만 6000에 퀴를 받았음에도 작업에 전념하지 않는다고 비난하기도 했다. 사회적 대우도 좋아졌다. 프랑스의 프랑수아 1세(François

I, 1494~1547)는 다빈치를 너무나 존경해서 노쇠해진 그에게 아무런 요구도 하지 않고 앙부아즈 성에 보금자리를 마련해 주었다.

이와 관련하여 16세기 유럽의 절대 강자였던 신성 로마 제국 황제 카를 5세(Karl V, 1500~1558)가 남긴 일화가 흥미롭다. 하루는 카를 5세가 자신의 궁정 화가인 티치아노(Vecellio Tiziano, 1488~1576)가 작업하는 모습을 친히 보고 있었다. 그런데 티치아노가 그만 실수로 붓을 떨어뜨렸다. 이를 본 황제가 몸소 허리를 굽혀 붓을 주워 주었다. 이를 본 신하가 크게 당황하여 만류했으나, 황제는 껄껄 웃으며 이렇게 말했다고 한다.

"티치아노와 같은 거장이 황제의 시중을 받는 것보다 더 자연스런 일은 없도다."

이 일화는 황제가 예의를 차릴 정도로 예술가의 지위가 몰라보게 높아졌음을 암시한다.

물론 과장은 삼가야 한다. 티치아노가 추남으로 유명한 카를 5세를 번쩍이는 갑옷 차림에 말에 올라탄 늠름한 용사의 모습으로 그린 것을 보면, 당연하게도 일개 예술가로서 권력자의 눈치를 볼 수밖에 없었음을 알 수 있다. 일부 예술가들이 권력에 저항한 것은 사실이지만 르네상스 시대에, 그리고 그 이후로도 오랫동안 예술은 권력의 시녀였다. 물론 그 권력자들의 이름은 잊혀도 예술가들의 이름이 남는 것은 과연 예술가의 사후 복수라고 할 만하다. 많은 사람들이 율리우스 2세는 몰라도 미켈란젤로는 알며, 로도비코 스포르차는 몰라도 다빈치의 이름은 아는 것이다. 단, 그렇게 복수를 하기 위해서 예술가는 아주 훌륭해져야만 한다.

매너리즘이란 무엇인가?

르네상스가 말기로 접어들면서 화풍에 큰 변화가 나타나기 시작했다. 미켈란젤로도 말년에 이르면 예전과는 전혀 다른 작품들을 선보였다. 가령 그의 「론다니니의 피에타(*Pièta Rondanini*)」는 예전의 걸작 「피에타」와 똑같은 주제를 다루었음에도 불구하고 얼굴과 형태를 완전히 뭉그러뜨린 충격적인 작품이다. 물론 미완성이라서 그렇다는 견해가 우세하지만, 일부러 그렇게 만들었다는 견해도 있다. 그런가 하면 그가 초인적인 능력을 발휘하여 완성한 시스티나 성당 벽화 「최후의 심판」만 보아도 인간의 근육이 과장되어 묘사되는 등 전체적으로 기괴한 느낌을 준다.

이처럼 르네상스 말기에 미켈란젤로를 비롯하여 많은 예술가들이 형태가 변형되고 왜곡되어 기이하고 뒤틀린 느낌을 주는 작품들을 제작하고 있었다. 그 대표적인 경우로 파르미지아니노(Parmigianino)의 일명 「목이 긴 성모(*La Madonna del Collo Lungo*)」를 들 수 있다. 이 그림에서 성모는 기형적으로 목이 길게 묘사되어 있어 감상하는 이를 몹시 불편하게 한다. 파르미지아니노와 같은 새로운 화가들은 의도적으로 인체 비례에 전혀 맞지 않거나 형태가 일그러진 채 화려한 장식을 강조한 그림들을 많이 그렸다. 우리는 그런 새로운 화풍을 가리켜 '매너리즘'(영어로 mannerism, 이탈리아 어로 manierismo)이라고 부른다.

매너리즘이라는 말은 사실 우리에게 그리 낯선 말은 아니다. 우리는 일상생활에서 단순히 옛 관습과 전통에 치우쳐 반복과 모방에 빠진 채 창조성이 고갈되었을 때 흔히 '매너리즘에 빠졌다.'고 말한다. 따라서 매너리즘이란 결코 좋은 말, 칭찬의 말이 아니다. 특히 예술사에서 매너리즘은 창조력이라고는 전혀 없이 옛 거장들의 작품을 베끼고 기교에만 치우친 경향을 가리킨다. 그래서 매너리즘이 출현했다는 것은 곧 르네상스가 생명력을 잃어 가고 있었다는 증거인 것이다. 물론 매너리즘을 일방적으로 나쁘게만 평가할 수는 없다. 오히려 새로운 형식을 실험한 경향으로 평가해야 한다고 주장하는 비평가도 있다. 심한 경우에는 매너리즘을 살바도르 달리(Salvador Felipe Jacinto Dali, 1904~1989) 등이 대표하는 현대의 초현실주의 화풍의 선구자로 생각하는 비평가도 있다.

매너리즘에 대해 어떻게 평가하든지 간에 매너리즘에 속한 그림들을 보면, 전체적으로 어딘지 어둡고 칙칙하며 슬프고 침울하다. 이 그림들을 오래 보고 있으면 우울증에 걸리기 십상이다. 특히 미켈란젤로의 「최후의 심판」과 같은 작품을 보면, 주제도 주제려니와 마치 세상의 종말이 코앞에 다가오는 듯한 절박하고도 비관적인 느낌을 갖게 된다. 이는 매너리즘으로의 변화가 단지 표현 기법상의 변화만이 아니라 세계를 보는 시각, 즉 세계관 자체의 변화를 반영한 것이며, 나아가 그런 세계관의 변화를 불러일으킨 사회적 변화와 긴밀하게 연관되어 있음을 암시한다. 따라서 매너리즘을 좋게 보든 나쁘게 보든 먼저 당시 이탈리아 사회의 변화를 정확히 이해할 필요가 있다. 15세기 말 이후에 이탈리아는 어디로 가고 있었는가?

5

이탈리아 르네상스는
어떻게 저물었는가?

- 왜 이탈리아에서 종교 개혁은 실패했는가?

- 왜 이탈리아는 외국 침략에 무기력했는가?

- 이탈리아는 하루아침에 몰락했는가?

- 1600년에 무슨 일이 일어났는가?

- 이탈리아 르네상스는 무엇을 남겼는가?

왜 이탈리아에서 종교 개혁은 실패했는가?

15세기 말에 접어들면서 매너리즘을 비롯하여 비관적인 세계관이 이탈리아를 지배하기 시작했다. 미켈란젤로는 시스티나 성당의 벽면을 머리칼이 쭈뼛해지는 최후의 심판 장면으로 기괴하게 채색했고, 다빈치는 성경에 나오는 대홍수를 묘사한 스케치들로 자신의 노트를 가득 채웠으며, 마키아벨리는 운명의 여신을 제방을 터뜨리고 범람하는 강에 비유했다. 세상의 종말을 알리는 제2의 대홍수가 올 것이라는 우울한 생각이 당시 지식인들 사이에 번진 것이다.

그와 더불어 인생이 '덕'이 아니라 '운'에 좌우된다는 생각, 그래서 열심히 노력해 봤자 소용없고 인생은 허무하다는 생각이 널리 퍼졌다. 그러면서 고대 그리스의 철학자 에피쿠로스(Epikouros, B.C. 341~B.C. 270)의 이론이 유행했다. 그의 철학은 보통 원자론으로 알려져 있는데, 이것은 15세기 이탈리아의 우울한 분위기에서 다음과 같이 해석되었다. 세상은 텅 빈 공간 속의 원자들이 이리저리 우연하게 충돌하면서 창조된 것이다. 거기는 삶을 돌봐 주는 하느님도 없고, 천국이나 지옥 따위도 없다. 그러니까 삶은 아무런 감정도, 아무런 목표도 없이 진화한다. 이렇듯 삶이 무상하다면, 앎이 무슨 소용이란 말인가? 점차 지식에의 갈증, 앎에의 욕망, 자유로운 삶에의 열정으로 불탔던 르네상스 인문주의의 정신이 쇠퇴하고 있었다.

그런 가운데 알프스 산맥 너머에서 종교 개혁 운동이 폭발했다. 1517년 독일의 성직자 마르틴 루터(Martin Luther, 1483~1546)가 뷔르템베르크 성문에 면벌부 판매를 비롯하여 로마 가톨릭교회의 부패상을 조목조목 비판한 대자보를 게시하면서 종교 개혁 운동이 들불처럼 유럽에 번져 나갔다. 원래 루터는 교황의 충직한 신하임을 자처한 사람이었다. 그러나 그는 점차 로마 교황청을 구제할 길 없는 죄악의 소굴로 비난함으로써 교황의 철천지원수가 되기에 이르렀다. 루터는 이렇게 말했다.

"나는 진정 교황 성하의 교구인 로마 교황청을 경멸해 왔

습니다. 성하께서나 그 누구도 그곳이 과거의 바빌론이나 소돔보다 더 타락했다는 것을 부인할 수 없습니다."

그의 말은 다음과 같이 이어진다.

"불행하고 가망 없으며 신을 모독하는 로마여 안녕!"

왜 루터는 교황이 보기에 순한 양에서 거친 늑대로 변했을까? 여러 가지 이유가 있었겠지만, 위에서 인용된 루터의 말에서 충분히 짐작할 수 있듯이 로마 순례 여행이 결정적인 계기가 되지 않았을까 한다. 당시에는 유럽의 촌구석이었던 독일 출신의 루터에게는 로마의 화려함이 몸에 안 맞는 옷처럼 어색하게 느껴졌을 법하다. 처음에는 그 광경에 넋을 놓고 감탄을 연발했겠지만, 곧 외면의 화려함이 내면의 경건함을 보증할 수 없다는 의혹을 품게 되었고, 이는 교회의 부패와 타락에 대한 분노로 이어졌을 것이다.

이처럼 감탄, 의혹, 분노라는 급격한 감정 변화를 겪은 뒤, 루터와 그를 따르는 신교도들은 참된 내면의 신앙을 강조하고 교회의 화려한 형식들을 배격하면서 직접 성경 말씀으로 돌아갈 것을 주장했다. 이와 같은 루터주의의 새로운 기운은 곧 이탈리아에도 상륙했다. 에피쿠로스의 철학에 만족할 수 없었던 많은 지식인들과 일반 시민들이 루터주의와 그 밖의 개혁적인 이단 운동들의 주장에 귀를 기울였다.

하느님은 하나로되

루터의 종교 개혁으로 유럽 기독교 세계의 통일성은 깨져 버렸다. 이제 유럽의 '기독교 공화국'은 크게 두 진영으로 분열되었다. 하나는 로마 가톨릭교회가 지배하는 구교 진영이었고, 다른 하나는 루터나 캘빈 등이 대표하는 신교 진영이었다. 이 신교는 '프로테스탄티즘(protestantism)'으로 불린다. 이 말은 '프로테스탄트'(항의하는 사람들)의 믿음이라는 뜻으로서 1529년 스파이에르 의회에서 신성 로마 제국의 황제 카를 5세가 루터를 따르는 독일 제후들에게 강경한 태도를 취하자 제후들이 이에 반발하여 격하게 항의한 데서 비롯되었다. 프로테스탄티즘의 내부 사정도 어지러웠다. 루터 파뿐만 아니라 캘빈 파, 영국 국교파, 재세례파 등 다양한 종파들이 등장했다. 하느님은 여전히 한 명이었으되, 그 하느님을 믿는 방식은 참으로 다양해진 것이다. 여기까지는 신앙의 민주화라고 좋게 보아줄 수 있다. 하지만 문제는 구교와 신교 사이에서, 또 신교 내부의 여러 종파들 사이에 참혹한 종교 전쟁이 100년 동안이나 벌어졌다는 사실이다. 박해하는 사람과 박해받는 사람이 딱히 구별되어 있던 것도 아니었다. 박해받던 사람도 권력을 쥐면 자기와 신념이 다른 사람을 박해했다. 종교적 관용의 정신이 싹튼 것은 아주 한참 후에 사람들이 그런 살상극에 지쳐 넌더리를 냈을 때였다. 관용은 아직 '시대정신'이 아니었던 것이다.

르네상스의 중심지 피렌체도 예외가 아니었다. 15세기 말 피렌체에서는 지롤라모 사보나롤라(Girolamo Savonarola, 1452~1498)라는 성직자가 등장하여 개혁의 깃발을 높이 치켜세웠다. 그는 해충을 박멸하듯이 '허영'을 박멸하고자 했다. 그는 시정을 장악한 뒤 '순수'의 상징으로서 자신을 맹신하는 소년 친위대를 조직하여 도시의 풍기를 단속하고 검열을 강화했다. 그가 타락하고 부패한 교회를 비판하고 사회에 만연한 더러움을 청소하려고 한 것까지는 좋았다. 그러나 그는 주체할 수 없는 열정에 사로잡힌 나머지 무시무시한 공포 정치로 치닫고 말았다. 많은 사람들이 모욕을 당하고 감옥에 갇히며 목숨을 잃었다. 조금이라도 불경해 보이는 책들과 그림들은 어김없이 불구덩이에 던져졌다. 이를 '허영의 소각'이라고 부른다. 종교적 열정의 지나침이 부족함만 못했던 것이다.

그리하여 처음에는 사보나롤라를 지지하던 피렌체 시민들도 점차 그에게 등을 돌리기 시작했다. 모두들 예전의 유쾌한 일상으로 돌아가 '달콤한 인생'을 살기를 원했다. 결국 사보나롤라는 민심을 잃고 이단으로 몰려 화형에 처해졌다. 사보나롤라의 끔찍한 화형장에는 그의 추종자 서너 명만이 자리를 지켰다고 한다.

사보나롤라의 추종자들과 비판자들은 모든 점에서 정반대였지만, 한 가지 점에서만큼은 닮은 데가 있었다. 둘 다 생각의 다름을 인정하고 상대방을 존중해 주려는 관용의 정신이 눈곱만치도 없었다는 점이다. 획일적인 생각을 강요하고 상대방을 죽여야만 직성이 풀렸다. 그것이 16세기 종교 개혁 시대의 비극이다. 같은 시대를 살았던 셰익스피어의 다음과 같은 충고는 광야의 외침이었을 따름이다.

"남의 잘못에 관용을 베풀라! 오늘 저지른 남의 잘못은 어제의 내 잘못이었음을 생각하라! 잘못이 없는 사람은 하나도 없다. 불완전한 것이 사람임을 생각하고 진심으로 대해야 한다. 우리는 어디까지나 정의를 받들어야 하지만 정의만으로 재판을 한다면 우리들 중 단 한 사람도 구함을 얻지 못할 것이다."

비록 사보나롤라의 개혁 운동이 실패로 돌아가기는 했지만 그의 사상과 행동은 당시에 그의 일거수일투족을 지켜본 마키아벨리나 보티첼리와 같은 지식인들에게 강한 인상을 주고 영감을 불러일으켰다. 실제로 보티첼리는 한때나마 사보나롤라의 가르침에 사로잡혀 그의 명령으로 자기 작품 중 음란하다고 생각되는 것들을 손수 태워 버리기까지 했다.

결국 사보나롤라의 개혁 운동으로 상징되는 이탈리아의 종교 개혁은 실패로 돌아갔다. 여전히 이탈리아는 로마 교황청이 한가운데 버티고 있는 가톨릭의 보루요, 요새였다. 곧 가톨릭교회는 루터주의를 비롯한 일체의 이단 운동에 대해 반격에 나섰다. 가톨릭교회는 다시 교리를 정비하고 읽어서는 안 될 금서 목록을 발표하며 종교 재판소를 강화하는 등, 이른바 '반종교 개혁'을 서둘렀다. 이탈리아에서 자유로운 사상과 언론과 표현의 자유가 증발했다. 말하자면, 금서 목록은 지성의 자유를 탄압하고 사람들을 순응자로 만드는 교회의 비밀 병기였던 셈이다.

결국 로마 교회가 단호하게 반대함으로써 이탈리아에서 르네상스의 문화 운동은 종교 개혁 운동으로 이어지지 않았다. 이것은 이탈리아로서는 불행이었다. 르네상스가 아무리 위대한 문화 운동이었다고 한들, 소수 지식인의 한계를 넘어 일반 대중으로까지 침투하는 데는 무리가 있었다. 그에 비해서 종교 개혁은 강력하고 명쾌한 종교적 메시지를 던짐으로써 더 많은 일반 대중의 영혼에 강력한 울림을 몰고 왔다. 그리하여 소수파 운동이 대중 운동으로 발전하기 위해서는 르네상스에 종교 개혁이 필요했으나, 이탈리아의 현실은 그렇지 못했던 것이다. 바로 이것이 훗날 이탈리아와 북유럽이 다른 길을 걷게 된 원인들 중 하나였다.

이렇게 보면 로마는 이탈리아 르네상스를 시들게 한 장본인이었다. 그런데 여기서 곰곰이 생각해 볼 것은 애당초 르네상스를 꽃피운 것도 로마가 아니었는가 하는 점이다. 즉 가까이에서 로마 교회를 지켜본 이탈리아 인들이 교회가 강요한 맹목적인 신앙에 맞서 자유를 꿈꾸면서 르네상스가 꽃핀 것이 아니었느냐는 말이다. 그리고 일단 시작된 르네상스라는 새로운 문화 운동이 교회에 위협이 되기는커녕 오히려 교회의 영광을 장식해 주는 한, 로마는 그 꽃에 열심히 물을 주기까지 했다. 그래서 율리우스 2세나 레오 10세와 같은 위대한 르네상스 교황들이 속속 등장했던 것이다. 그러나 이제 신앙의 자유와 교회의 개혁을 요구하는 기운이 거세지면서 권위가 흔들리게 되자 로마는 르네상스의 꽃을 짓밟았다. 그 의도가 무엇이었든지 간에 처음부터 끝까지 로마는 르네상스의 진로에 큰 영향을 미친 셈이다. 과연 로마는 이탈리아의 일개 도시에 불과하지만 이탈리아를 전부 합친 것보다 크다는 말이 실감난다.

근대의 야만

종교 재판소는 정말이지 무시무시한 기관이었다. 누구도 거기 잡혀 들어가면 성히 살아 나오길 기대하기 어려웠다. 특히 스페인의 종교 재판소가 악명이 높았다. 이단 혐의를 받은 이들의 자백을 받기 위해 종교 재판소의 심문관들은 온갖 고문을 가하였다. 사지를 늘리는 고문 기구가 가장 일반적이었고, 뜨겁게 달군 의자, 양팔을 뒤로 묶은 채 들어 올리는 기중기, 쇠못으로 피부를 뚫는 철 갑옷 등 고문 기구들도 각양각색이었다. 심문관들은 항상 붉은색 법복을 입고 다녔다는데, 그 이유는 충분히 짐작할 수 있다. 이단자들을 고문하는 과정에서 피가 자주 튀었는데, 붉은색 법복은 피를 숨기기에 안성맞춤이었기 때문이다. 이단 재판은 16세기 후반에 절정을 이루어 17~18세기 내내 시행된 마녀재판으로 이어졌다. 이성의 정원에서 문명이 꽃피던 시절에 그렇게 야만과 폭력의 용광로가 들끓고 있었다는 사실은 우리를 놀라게 한다. 그러나 잘 생각해 보면, 그리 놀랄 것도 없다. 왜냐하면 야만주의는 합리주의에도 '불구하고' 나타난 게 아니라 합리주의 '때문에' 나타났기 때문이다. 무슨 말인가 하면, 합리주의와 같은 새로운 문화적 에너지가 꿈틀대고 그 기운이 퍼지는 것은 권력자들의 입장에서 볼 때 매우 위험한 일이었으므로 그들은 불순한 움직임을 차단하기 위해 억압 수단에 의지했다는 것이다. 이렇게 보면, 근대의 야만주의는 아무런 목적 없이 저질러지는 폭력이 아니라 특정한 목적에 합리적으로 봉사하는 폭력이다.

왜 이탈리아는 외국 침략에 무기력했는가?

1492년에 이탈리아 인 콜럼버스(Cristoforo Colombo, Christophorus Columbus, 1451~1506)가 아메리카 대륙에 상륙했을 때, 프랑스는 이탈리아를 침공할 준비를 착실히 갖추어 나가고 있었다. 마침내 2년 후에 프랑스의 샤를 8세(Charles VIII, 재위 1483~1498)가 바퀴 달린 거포와 대군을 이끌고 이탈리아를 침공한 이후, 이탈리아는 참혹한 전쟁터로 변했다. 거의 모든 외국 병사들이 이탈리아로 집결한 듯했다. 오스트리아 군, 독일군, 부르고뉴 군, 프랑스 군, 플랑드르 군, 스페인 군, 헝가리 군, 심지어 스위스 인들도 자신들의 아름다운 고향을 내버려 두고 이탈리아로 쳐들어왔다. 이탈리아 인들로서는 끔찍한 악몽이 시작된 것이다.

1494년에 한 피렌체의 작가는 침략군을 야만인들로 간주하며 다음과 같이 말했다.

"그들은 스위스 인, 가스코뉴 인, 노르만 인, 브르타뉴 인, 스코틀랜드 인 기타 등등으로 이루어진 짐승과 같은 무리다. 우리는 그들이 하는 말을 전혀 알아듣지 못하며, 그들도 자기들끼리 무슨 말을 하는지 도통 알아듣지 못한다."

교황이 "야만인들을 내쫓자."면서 목이 터져라 호소했지만 허사로 돌아갔다. 외국인들은 번갈아 승리하기도 하고 패배하기도 했지만, 이탈리아 인들은 항상 패배했다. 이로써 이탈리아는 무덤 속으로 발 하나를 집어넣은 격이 되었다.

1527년은 이탈리아의 몰락을 상징하는 해이다. 1517년에 독일에서 루터가 95개조 반박문을 붙인 2년 뒤에 카를 5세가 신성 로마 제국 황제에 즉위하여 유럽 최강의 군주로 등장했다. 그리고 1527년에 황제는 군대를 로마에 파견했다. 황제군은 루터주의를 따르는 독일의 용병들을 주축으로 일부 광신적인 가톨릭교도 용병들로 이루어져 있었다. 그들은 봉급을 받지 않았기 때문에 전리품에 눈이 먼 무리였다. 그런데 로마를 침공하던 중 지휘관을 잃자 군대는 아예 폭도로 돌변했다. 숱한 남자들이 죽임을 당했고, 재산을 강탈당했으며, 수녀들까지 포함하여 수많은 여성들이 강간당했다. 고위 성직자들이 납치당했으며, 교회도 파괴되었고, 서적들과 유물들은 불태워지고 쓰레기 더미로 내던져졌다. 죽은 자도 무사하지 못했다. 교황 율리우스 2세의 무덤도 파헤쳐져 손가락에 끼고 있던 반지도 사라졌다.

이것이 바로 저 유명한 1527년의 로마 약탈이다. 410년 서고트 족이 로마를 약탈한 이래 두 번째의 약탈이었다. 이렇게 영원의 도시 로마가 외국 군대의 군홧발에 짓밟힌 뒤에 이탈리아 인들은 원래 그들이 입었던 르네상스 시대의 밝고 화사한 색의 옷이 아니라 스페인 풍의 검은 옷을 입기 시작했다. 마치 400년 뒤에 등장할 파시스트들의 검은 제복 차림처럼 말이다.

로마의 성문을 열어라

로마는 역사상 두 번 약탈당했다. 한 번은 르네상스 시대의 독일 프로테스탄트 용병들에 의한 1527년의 약탈이고, 그보다 먼저 있었던 것이 바로 410년 로마 제국 말기의 게르만의 한 분파인 서고트 족에 의한 약탈이다. 당시 로마 인들은 성문을 굳게 지켰지만, 서고트 족의 족장 알라릭의 화해 요청에 속아 성문을 열어 주었다. 당시 서고트 족의 약탈이 얼마나 끔찍했던지 지금도 이탈리아 어린이들은 '서고트 족이 온다.'는 말 한마디에 울음을 뚝 그친다는 믿기 어려운 말이 전해진다. 이 앞선 두 번의 약탈에 비교하기는 어렵지만, 20세기에도 로마는 다시 한 번 침략당하는 뼈아픈 경험을 갖고 있다. 약탈은 제2차 대전 말기 독일군이 로마를 접수하고 연합군에 밀려 로마에서 철수하는 기간 동안에 벌어졌다. 이때 로마는 '무방비 도시'로 선포되었다. 어쨌든 로마가 겪은 크고 작은 시련들 중에서도 1527년의 약탈 사건이야말로 로마 인들에게는 지울 수 없는 가장 끔찍한 흉터로 남았다.

그렇다면 왜 이탈리아는 힘 한 번 못 써 보고 외국 지배 아래에 들어가고 말았는가? 이탈리아가 너무 못나고 허약해서 그랬는가? 아니다. 오히려 정반대다. 이탈리아는 너무나 매력적이고 너무나 선진적이어서 노략질을 당했다. 이탈리아는 당시 유럽에서 가장 아름답고 부유한 곳이었으므로 유럽의 군주들은 모두 이탈리아에 군침을 흘렸다. 그리하여 우유가 온 대지를 촉촉하게 적시던 이 풍요로운 나라는 '유럽의 목장'은커녕 '유럽의 전장'이 되고 만 것이다.

그런데 여전히 의문이 남는다. 그렇게 부유했다면서 자기를 지킬 힘도 없었는가? 그 해답은 당시 이탈리아의 특수한 정치 상황에 있다. 이탈리아는 굳이 반도 전체를 통일한 중앙 집권적인 국가 체제를 갖추지 않아도 도시 국가 체제만으로도 넉넉히 발전해 나갈 수 있었다. 반면 이웃 프랑스나 스페인 등지에서는 한 명의 군주가 주변 영토를 통합시키면서 강력한 지배권을 행사하는 중앙 집권적인 절대주의 국가들이 등장했다. 이 강하게 응집된 이웃 국가들이 막상 물밀 듯이 알프스를 넘어왔을 때 이탈리아의 분열된 도시 국가들은 그들에게 군사적으로 전혀 상대가 되지 못했다.

우수한 조직(도시 국가)이 자신의 성공에 취해 다른 종류의 조직(절대주의 국가)을 발전시키는 데 투자하지 않을 때 그 우수한 조직도 새로운 상황에서 파괴되고 만다는 냉혹한 역사의 법칙이 이탈리아의 경우에 들어맞는 것 같다. 이와 비슷한 상황들이 역사에서 자주 확인된다. 가령 19세기 '세계의 공장'으로 군림한 영국은 우수한 면공업과 철공업을 가졌지만, 그 성공에 취해 새로운 산업 분야를 발전시키지 못한 결과, 독일이나 미국 등 다른 나라들에게 추월당하고 말았다. 지나친 발전이 새로운 상황에 적응하는 것을 방해하여 성공의 발목을 잡은 것이다. 우리는 이를 한마디로 '발전의 역설'이라고 표현할 수 있을 것이다.

이탈리아는 하루아침에 몰락했는가?

어떤 점에서 이탈리아의 몰락은 이미 예고되어 있었다. 15세기 이후에 부와 권력은 점차 이탈리아를 떠나가고 있었다. 당시에 '새로운 유럽'이 형성되고 있음을 보여 주는 신호들은 많았다. 무엇보다 십자군 전쟁의 실패 이후에 로마 교황청의 권위는 돌이킬 수 없이 쇠락하고 있었으며, 이미 종교 개혁을 알리는 빨간 불이 켜진 상태였다. 그런가 하면 교회의 지배권에 저항하는 독립적인 주권 국가들이 영국과 프랑스 등지에서 출몰했다.

'새로운 유럽'이 형성되는 과정에서 가장 결정적인 사건은 1453년 오스만 제국에 의한 비잔티움 제국의 몰락이었다. 터키의 위협으로 지중해 교역의 안전이 위협받게 되었다. 우리 속담에도 '궁하면 통한다.'는 말이 있듯이, 터키의 방벽에 부딪친 유럽 인들은 결국 새로운 대서양 항로를 뚫게 되었다. 바야흐로 지중해 세계가 저물고 대서양 세계가 열리고 있었던 것이다. 그리하여 이탈리아는 유럽 역사의 주연 배우에서 단순한 무대 장치로 전락하고 말았다.

그러나 이탈리아 도시 문명이 하루아침에 무너진 것은 아니었다. 역사에서 한 문명이 순식간에 사라지는 일은 좀처럼 벌어지지 않는다. 계절의 이치를 보더라도, 추운 겨울이 들이 닥치기 전에 한동안 따뜻한 날들이 지속된다. 이를 영국에서 는 '성 마틴의 여름(St. Martin's Summer)'으로, 미국에서는 '인 디언 서머(Indian Summer)'로 부른다. 이탈리아에도 그와 같은 경제의 '성 마틴의 여름', 혹은 '인디언 서머'가 있었다. 비록 15세기 말 이후에 세계 경제의 중심이 점차 지중해에서 대서 양으로 바뀌고 있었다고는 해도 17세기 초까지도 여전히 이 탈리아 항구들은 세상에서 가장 바쁜 곳이었다. 심지어 제노 바의 경우를 보면, 16세기 말에서 17세기 초에 이르는 시기에 금융 권력의 절정에 도달했다고 평가하는 역사가도 있다. 이 사실은 다음과 같은 우리네 속담 하나를 떠올리게 한다. '부 자가 망해도 3년은 간다.'

그렇게 남아 있는 경제적 여유를 바탕으로 이탈리아의 문 화적 힘이 여전히 광채를 발휘했다. 옛 거장들은 이미 노쇠 하거나 세상을 떠났지만, 새로운 세대가 그들의 빈자리를 재빨리 채워 나갔다. 가령 화려한 색채를 뽐낸 베네치아 파 의 대표 주자인 틴토레토(Tintoretto, 1518~1594)와 파올로 베 로네세(Paolo Veronese, 1528~1588)는 각각 1518년과 1528년 에 태어났고, 바로크 회화의 문을 연 미켈란젤로 다 카라 바지오(Michelangelo da Caravaggio, 1573~1610)가 1573년에, 이탈리아 인들이 '신이 내린 구이도'라고 칭송하는 구이도 레니(Guido Reni, 1575~1642)가 1575년에 태어났다. 그런가 하면 1543년에 『천구의 회전에 관하여(*De revolutionibus orbium coelestium*)』라는 책에서 지동설을 주장하여 천문학 혁명을 몰고 온 니콜라우스 코페르니쿠스(Nicolaus Copernicus, 1473~1543)는 오랫동안 이탈리아 대학에서 공부한 폴란드 과학자였다. 이탈리아의 저력은 갈릴레오 갈릴레이(Galileo Galilei, 1564~1642)의 물리학으로 이어졌다. 그는 당시 과학자들이 '아리스토텔레스에 따르면', 혹은 '갈레노스에 따르면' 운운하는 식으로 옛 책의 권위에만 의존하는 태도를 신랄하게 비판했다. 그는 자연 자체를 우리가 읽어야 할 거대한 책으로 봐야한다고 주장했다. 그렇게 실험과 관찰을 중시하면서 갈릴레이는 '무엇이 물체를 움직이게 하는가?'라는 고대의 질문을 '무엇이 물체의 운동을 정지하게 만드는가?'라는 근대의 질문으로 뒤집어 버림으로써 17세기 과학 혁명의 바람을 유럽에 몰고 왔다.

1600년에 무슨 일이 일어났는가?

이렇듯 이탈리아 문화의 불씨는 완전히 꺼지지 않았지만, 이제 이탈리아는 떠오르는 별이 아니라 지는 별이었다. 이미 '유럽의 살롱'으로서의 영광스러운 자리를 위협하는 불길한 징조들이 많았다. 모름지기 문화란 사상과 표현의 자유가 보장될 때 번성하는 법이다. 자유가 없다면 문화는 권력의 꼭두 각시에 지나지 않는다. 그런데 16세기 이탈리아는 세계 최강의 가톨릭 국가인 스페인의 지배 아래에 들어가게 되고 로마 교황청의 '반종교 개혁'의 거센 광풍에 휘말리면서 자유를 박탈당하고 있었다. 권력 당국에 마음에 들지 않는 지식과 믿음을 생산하고 유통시키는 자들은 고향에서 쫓겨나거나 목숨을 빼앗겼다. 관용의 정신은 온데간데없었다.

그런 가운데 비극적인 일들이 수없이 벌어졌다. 1561년에 장화 모양의 이탈리아 반도로 보자면 코끝에 해당하는 칼라브리아 지역의 한 마을에 평화롭게 모여 살던 4,000여 명의 왈도 파 이단자들이 학살되었다. 그들은 기독교도였지만 교회가 가르치는 대로 믿지 않는다는 이유로 칼로 베이고 불에 타고 굶주리고 고문당하고 벼랑 끝에서 떠밀려 죽임을 당했다. 극소수 생존자들은 노예 선에서 평생 노를 저어야 했다.

이탈리아의 심장부인 로마의 사정도 그와 비슷했다. 16세기 중반 무렵에 작성된 여러 기록들을 보면, 여기서도 매일같이 많은 사람들이 화형당하고 교수형당하거나 참수형에 처해졌고, 감옥은 미어터질 지경이었음을 알 수 있다.

　유명한 예술가들과 지식인들도 감시와 탄압에서 자유롭지 못했다. 예를 들어, 1573년에 베로네제는 「최후의 만찬」이라는 그림을 잘못 그려 곤욕을 치렀다. 그는 종교 재판소에서 왜 그림에 독일 개신교도처럼 보이는 인물을 집어넣었는지에 대해 해명해야 했다. 갈릴레이도 1616년에 지동설을 주장했다는 이유로 종교 재판소에 불려나갔다가 간신히 풀려나왔다. 그러나 베로네제와 갈릴레이보다 더 끔찍한 경우가 브루노의 경우였다. 당대 최고의 인문주의자였던 브루노는 1600년에 교황청으로부터 이단으로 몰린 뒤 자신의 신념을 굽히지 않은 채 화형당하고 말았다. 그리하여 브루노가 '순교한' 1600년은 이탈리아 르네상스의 황혼을 상징하는 해라고도 말할 수 있다. 브루노의 육신을 태운 불길과 함께 르네상스의 영광스러운 기억도 한 줌 재로 날아가 버린 것이었다. 물론 화형대의 말뚝에서 브루노의 정신까지 함께 태워진 것은 아니었다. 브루노는 사형 선고를 받은 뒤 고대 그리스의 소크라테스 재판을 떠올리게 하는 말로써 재판관들에게 이렇게 응수했다.

"내가 당신들의 사형 판결문을 듣고 두려움을 느끼는 것보다 당신들이 나에 대한 사형 판결문을 읽으며 더 큰 두려움을 느낄 것이다."

비록 브루노와 같은 소수 지식인들이 생명의 위협 앞에서도 정신의 자유를 지키려고 했지만, 권력의 폭압 아래에서 점차 르네상스의 자유로운 비판 정신은 질식해 갔다. 그와 동시에 르네상스의 문화적 창조력도 고갈됐다. 확실히, 이탈리아 르네상스의 역사는 우리에게 다음과 같은 교훈을 준다. 훌륭한 문화를 일구기 위해서는 무엇이 필요한가? 다음 세 가지다. 자유, 자유, 자유!

이탈리아 르네상스는 무엇을 남겼는가?

1600년을 전후로 이탈리아 르네상스는 점점 과거의 기억 속으로 사라져 갔다. 그러나 과거가 아무런 흔적도, 아무런 영향도 남기지 않고 사라지는 법은 없다. 정확한 지식을 추구한 르네상스 인문주의의 전통은 17세기 과학 혁명을 낳았다. 코페르니쿠스와 갈릴레이의 학문적 성과는 르네상스와 과학 혁명을 잇는 징검다리였다. 물론 르네상스는 과학 혁명만큼 충분히 '과학적'이지는 못했다. 가령 르네상스 인들은 원이야 말로 가장 완벽하고 자연스런 운동이라고 믿었기 때문에 행성 궤도가 타원이라는 것은 꿈에도 생각지 못했다. 타원 궤도설이 확립되기 위해서는 요하네스 케플러(Johannes Kepler, 1571~1630)의 이론을 기다려야 했다. 갈릴레이도 '관성'을 처음으로 설명했지만 그것이 직선 운동이 아니라 원운동이라고 확신했다. 과연 르네상스는 원의 시대였다. 그것은 근대의 타원과 직선의 세계를 아직 이해하지 못하고 있었다. 그러나 이런 명백한 한계에도 불구하고 르네상스 인문주의가 배양했던 자유로운 비판 정신과 엄밀한 탐구 정신이 없었다면 과학 혁명이 훨씬 늦어졌으리라는 점은 절대 의심할 수 없다.

사실 말이 나왔으니 말이지, 르네상스를 단지 인문주의와 예술의 발전으로만 보는 것만큼 잘못된 시각도 없다. 르네상스의 진정한 가치는 과학적 사고방식의 탄생을 준비했다는 데 있다. 우리는 다빈치를 예술가로만 이해하면 안 된다. 그는 예술가이기 전에 과학자였기 때문이다. 그래서 근대의 가장 중요한 본질 가운데 하나가 과학적 사고방식이라고 생각하면, 르네상스는 당연히 근대의 입구라고 말할 수 있다. 르네상스 이탈리아의 과학자들이 없었다면 17세기 프랑스의 데카르트도 없었을 것이라고 감히 말할 수 있다. 나중에 데카르트의 과학적 사상은 거꾸로 이탈리아에 전파되어 17~18세기의 말피기(Marcello Malpighi, 1628~1694)나 아보가드로(Amedeo Avogadro, 1776~1856)와 같은 과학자들에게 큰 영향을 주기도 했다. 이러한 과학적 전통은 마침내 18세기 후반 계몽사상으로 이어졌다. 가령 이탈리아의 계몽사상가 체사레 베카리아(Cesare Bonesana Marchese di Beccaria, 1738~1794)는 고문과 사형에 반대하여 유럽과 아메리카에 큰 반향을 불러일으켰다.

르네상스와 과학 혁명

르네상스와 과학 혁명을 결정적으로 구분하는 것은 우주관의 변화이다. 르네상스 시대까지만 해도 물질계에도 감정과 영혼이 깃들어 있다는 생각이 우세했다. 그래서 물질계의 밀고 당기는 척력과 인력은 반감과 공감으로 표현되었다. 가령 칼이 사람의 몸에 상처를 낸 것도 칼과 몸 사이에 반감이 작용한 결과로 해석되었다. 그래서 상처에만 고약을 바르는 게 아니라 상처를 낸 칼에도 고약을 발라 치료하려고 했다. 그러나 과학 혁명 이후에 그런 르네상스적인 우주관은 기계론적 우주관에 자리를 내주었다. 기계론적 우주관에서는 물질과 정신이 엄격하게 분리되어 물질계는 수많은 원자들이 충돌하는 황량한 공간으로 파악되었다. 거기에 감정과 영혼이 끼어들 틈은 없었다. 철학자 데카르트에 이르면, 이 우주는 하나의 거대한 기계로서 최초에 하느님이 손가락으로 퉁겨 주면 그다음에는 일일이 하느님이 따라다니지 않더라도 알아서 자동적으로 돌아간다고 이해되었다. 나중에 계몽사상가 볼테르 그런가 하면 이탈리아의 열정은 17세기 바로크 문화의 밑거름이 되었다. 확실히, 이탈리아는 과거엔 아름다운 숙녀였지만 이제는 늙어 버려 과거를 아쉬워하며 화장대 앞에서 화사하게 단장하는 노부인과 같았다. 쪼글쪼글해진 피부에 두텁게 덧칠해진 화장분과 앙상한 몸을 가리는 화려한 드레스가 어딘지 기괴하고 어색한 느낌을 주는, 그러나 여전히 예전의 품위를 유지하는 노부인의 모습, 그것이 르네상스의 황금기를 막 지나온 이탈리아의 모습이었다. 바로 그런 기괴함과 어색함이 새로운 문화를 잉태했으니, 바로크 문화가 그것이다. 바로크란 원래 세공되지 않은 진주를 뜻하는 말인데, 그 말 그대로 바로크 문화는 르네상스 문화에 익숙한 당대인들에게는 매우 불편하고 어색해 보였다. 그래서 카라바조와 같은 바로크 미술의 창시자들은 그 당시에 푸대접을 받기도 했다. 그러나 이탈리아에서 탄생한 바로크라는 새로운 문화적 경향은 곧 프랑스, 플랑드르, 네덜란드에서 화려하고 장엄하게 꽃필 것이었다. 이탈리아는 죽어 가면서도 이 세계에 또 하나의 가치 있는 문화를 선물했던 것이다.

이탈리아와 바로크

바로크 예술은 그 이름처럼 초기에는 괴상하고 혼란스런 예술로 여겨졌다. 이처럼 예술 양식을 가리키는 말들이 부정적인 뜻에서 나온 경우가 많다. 창조성이 없다는 뜻의 매너리즘 양식도 그렇고, 야만적인 고트 족의 풍습이라는 뜻의 고딕 양식도 그렇다. 그러나 고딕이든, 매너리즘이든, 바로크든 나중에는 유럽의 보편적인 예술 양식으로 평가되었다. 바로크 양식의 특징은 무엇보다 거대함, 장중함, 풍요함, 푸짐함, 화려함이다. 그럼에도 바로크를 한마디로 꼬집어 정의하기는 어렵다. 바로크는 운동하는 것과 질서 있는 것, 소란스러운 것과 안정된 것, 궁정적인 것과 시민적인 것, 가톨릭적인 것과 프로테스탄트적인 것 등 다양성을 간직한 예술 사조였다. 그런 다양성은 16세기에서 18세기 사이의 유럽 절대주의 사회가 내보인 다양성을 반영한 것이기도 했다. 바로크 문화는 프랑스, 플랑드르, 네덜란드 등지에서 크게 번성하여 푸생(Nicolas Poussin, 1594~1665), 루벤스(Peter Paul Rubens, 1577~1640), 렘브란트(Rembrandt Harmenszoon van Rijn, 1606~1669) 등의 위대한 예술가들을 낳았지만, 그 탄생지는 역시 이탈리아였다는 점을 잊어서는 안 된다. 과연 실물이 아름답든 못생겼든 있는 그대로 충실하게 묘사하려고 한 사실주의자 카라바조로부터 무대 장식처럼 현란한 장식성을 추구하여 환희의 세계를 체험하게 해 준 잔 로렌초 베르니니(Giovanni Lorenzo Bernini, 1598~1680)에 이르기까지 이탈리아는 유럽 바로크 문화의 주형틀을 만들어 낸 대장간이었다.

이탈리아 르네상스의 영향력을 확인하기 위해 구태여 17, 18세기로까지 거슬러 올라갈 필요도 없다. 이미 16세기에 이탈리아 르네상스라는 선배는 알프스 산맥을 넘어가 북유럽 르네상스라는 후배를 일깨워 주고 격려해 주며 이끌어 준 바가 있었기 때문이다. 과연 북유럽 르네상스를 빛낸 위대한 지식인들과 예술가들, 그러니까 에라스무스, 셰익스피어, 세르반테스(Miguel de Cervantes (Saavedra), 1547~1616), 라블레(Rabelais, 1483~1553), 브뤼헐(Pieter Bruegel, 1525?~1569), 심지어 로마 교회라는 거인을 살해하고자 했던 종교 개혁의 기수 루터까지도 모두 이탈리아 르네상스라는 똑같은 문명의 자식들이다. 비록 비판적이고 종교적인 성향을 강하게 띤 북유럽 르네상스가 감각적이고 쾌락적인 이탈리아 르네상스와는 사뭇 나른 새로운 분화를 창조했지만, 이탈리아 르네상스의 세례 없이 북유럽 르네상스는 있을 수 없었다. 과연 라블레는 보카치오의 자식이며, 브뤼헐은 미켈란젤로의 자식인 것이다. 18세기 프랑스의 계몽사상가 달랑베르(Jean Le Rond d'Alembert, 1717~1783)는 이탈리아 르네상스가 남긴 위대한 업적을 이렇게 찬양했다.

"우리가 과학과 미술과 훌륭한 취향을 얻게 된 것은 모두 이탈리아로부터이다. 이탈리아는 그것들의 무수한 본보기를 우리에게 제공한다."

더 읽어 볼 책들

- 구레비치 아론, 이현주 옮김, 『**개인주의의 등장**』(새물결, 2002).
- 귀차르디니 프란체스코, 김대웅 옮김, 『**르네상스 시대 처세의 달인 귀차르디니가 들려주는 처세의 지혜**』(노브, 2006).
- 듀건 크리스토퍼, 김정하 옮김, 『**미완의 통일 이탈리아사**』(개마고원, 2001).
- 래브 시어도어, 강유원 · 정지인 옮김, 『**르네상스의 마지막 날들**』(르네상스, 2008).
- 미클스웨이트 존, 유경찬 옮김, 『**기업의 역사**』(을유문화사, 2004).
- 민석홍, 『**서양사개론**』(삼영사, 1984).
- 뵐플린 하인리히, 안인회 옮김, 『**르네상스의 미술**』(휴머니스트, 2002).
- 부르크하르트 야콥, 안인회 옮김, 『**이탈리아 르네상스의 문화**』(푸른숲, 1999).
- 스탕달, 강주헌 옮김, 『**스탕달의 이탈리아 미술 편력**』(이마고, 2002).
- 콜린슨 패트릭, 이종인 옮김, 『**종교 개혁**』(을유문화사, 2005).
- 타임라이프 북스, 윤영호 옮김, 『**천재들의 시대**』(가람기획, 2004).
- 하우저 아르놀트, 백낙청 · 반성완 옮김, 『**개정판 문학과 예술의 사회사 2: 르네쌍스, 매너리즘, 바로끄**』(창작과비평사, 2003).
- 호이징하 요한, 최홍숙 옮김, 『**중세의 가을**』(문학과지성사, 1997).
- 후지사와 미치오, 임희선 옮김, 『**이야기 이탈리아사**』(일빛, 1999).

민음 지식의 정원 서양사편 006

르네상스 시대
근대정신은
어떻게 탄생했을까?

1판 1쇄 펴냄 2011년 8월 26일
1판 5쇄 펴냄 2024년 3월 19일

지은이 | 장문석
발행인 | 박근섭
펴낸곳 | ㈜민음인

출판등록 | 2009. 10. 8 (제2009-000273호)
주소 | 06027 서울 강남구 도산대로 1길 62 강남출판문화센터 5층
전화 | 영업부 515-2000 **편집부** 3446-8774 **팩시밀리** 515-2007
홈페이지 | minumin.minumsa.com

도서 파본 등의 이유로 반송이 필요할 경우에는 구매처에서 교환하시고
출판사 교환이 필요할 경우에는 아래 주소로 반송 사유를 적어 도서와 함께 보내주세요.
06027 서울 강남구 도산대로 1길 62 강남출판문화센터 6층 민음인 마케팅부

© 장문석, 2011. Printed in Seoul, Korea

ISBN 978-89-94210-99-5 04900
ISBN 978-89-94210-50-6 (세트)

㈜민음인은 민음사 출판 그룹의 자회사입니다.